KB068688

교양법학

최영진
변희삼

Liberal Arts and Law

박영사

서 문

이 책은 법학을 전공하지 않은 수강생들을 대상으로 집필된 교양 교과서입니다. 제1장은 용어설명 및 문언적 해설기술을 중심으로 작성하는 데 주안점을 두었습니다. 제2장은 필자가 그동안 법률상담 사례를 수집하면서 수업시간에 다루어볼 만한 유의미한 내용을 선정하였습니다. 제3장은 자주 사용되는 실무서식을 예시적으로 기재하였습니다.

본서를 출간하는 데 있어서 많은 도움을 주신 박영사 김명희 차장님과 손준호 과장님께 감사드립니다. 그리고 사랑하는 아내에게 고마움을 전합니다.

2021. 2.

연구실에서

목 차

제1장 기초편

I. 법의 분류 및 해석 ··· 3
1. 법의 분류 ··· 3
2. 법문의 해석방법 ··· 6

II. 법의 연원 ··· 12
1. 개념 ··· 12
2. 법치주의 ··· 12
3. 성문법 ··· 13
4. 불문법 ··· 14

III. 기본권 ··· 16
1. 인간의 존엄과 가치 ··· 18
2. 평등권 ··· 21
3. 신체의 자유 ··· 22
4. 죄형법정주의 ··· 23
5. 환경권 ··· 31

IV. 국가와 개인 ··· 41
1. 국제사회와 법 ··· 41
2. 국가의 성립요건 ··· 56
3. 행정법 관계에 적용되는 일반원칙 ··· 58
4. 근로관계에 관한 법 ··· 67
5. 개인적 법익의 침해 ··· 72

V. 개인 간 법률관계 ········· 79
1. 계약 ········· 79
2. 계약의 유형 및 종류 ········· 84
3. 의사표시 ········· 95
4. 법정채권 ········· 98
5. 물권 ········· 102

제2장 사례편

I. 보이스피싱 ········· 109
1. 민사소송을 통한 배상방법 ········· 110
2. 형사절차에서 배상을 받는 방법 ········· 111
II. 협의이혼과 재판상 이혼 ········· 114
1. 이혼의 종류 ········· 115
2. 협의이혼 ········· 115
3. 재판상 이혼 ········· 116
4. 결론 ········· 117
III. 이혼과 재산분할 ········· 118
1. 이혼 시 재산분할청구 ········· 118
2. 재산분할청구권의 행사 ········· 119
3. 연금 등이 재산분할청구권의 대상이 되는지 여부 ··· 120
4. 재산분할 대상을 찾는 방법 ········· 120
5. 재산분할 비율 ········· 121
IV. 주택임대차의 대항력 및 임차권등기명령 ········· 122
1. 주택임대차보호법상 대항력 및 우선변제권 ········· 122
2. 주택임대차보호법의 임차권등기명령 ········· 123
3. 보증금반환청구의 소 ········· 124
4. 소액임차인의 최우선변제권 ········· 124
5. 결론 ········· 124

V. 상해죄와 합의 ………… 125
1. 상해죄 성립 여부 ………… 126
2. 제3자를 상대로 위자료를 청구할 수 있는지 여부 … 126
3. 상해죄에 있어서 합의서의 효력 유무 ………… 127
VI. 인터넷과 음란게시물 ………… 128
1. 관련 법률 ………… 128
2. 불법행위 성립 여부 ………… 131
VII. 임대차보증금반환과 공동소송 ………… 132
1. 새 소유자에게 보증금 반환을 요구할 수 있는지 여부 ………… 133
2. 공동소송 ………… 133
3. 지연손해금 가능 여부 ………… 134
VIII. 부동산이전과 대출금채무의 승계 ………… 136
IX. 사기 피해의 회복 ………… 138
1. 사기죄 성립 여부 ………… 138
2. O글카드의 반환청구 방법 ………… 139
X. 부동산인도소송 ………… 141
1. 부동산인도소송 ………… 141
2. 점유이전금지 가처분 신청 ………… 142
3. 누가 소송을 제기해야 하는지 ………… 142
XI. 신용카드의 부정사용 ………… 143
1. 관련 법률 ………… 143
2. 햄버거 결제금액을 돌려 받기 위한 방법 ………… 144
XII. 도로 통행을 막는 교통방해 ………… 145
1. 형법상 교통방해죄 ………… 146
2. 민법상 주위토지통행권 ………… 147
3. 경찰관의 권한불행사에 대한 판단 ………… 148
XIII. 상속과 기여분 ………… 149
1. 관련 규정 ………… 149
2. 특별한 기여 ………… 150

XIV. 서체 저작권 ········ 152
1. 저작권법의 보호 대상인지 여부 ········ 152
2. 문제가 될 수 있는 경우 ········ 154
3. 결론 ········ 154
XV. 사망 후 기부 약정과 유언장 ········ 156
1. 사망 후 기부 약정에 관하여 ········ 156
2. 유언의 방식 ········ 157
3. 유류분 제도 ········ 157
XVI. 보증계약 ········ 158
1. 보증계약의 효력 여부 ········ 158
2. 일반보증과 연대보증의 차이 ········ 160
XVII. 사실혼 ········ 161
1. 사실혼의 배우자가 상속대상에 포함되는지 ········ 161
2. 사실혼 배우자의 자녀가 상속대상에 포함되는지 ········ 162
3. 사실혼과 동거의 차이 ········ 162
4. 사실혼의 배우자의 법적 보호 ········ 162
XVIII. 초상권과 빵소니 ········ 164
1. 초상권 침해 여부 ········ 164
2. 빵소니 해당 여부 ········ 165
XIX. 국선변호인 ········ 167
1. 국선변호인의 의의 ········ 167
2. 사안의 경우 ········ 168
XX. 임차보증금반환채권의 양도 ········ 169
1. 채권양도 ········ 169
2. 양수인이 채권양도의 효력을 주장을 할 수 있는지 · 170
XXI. 채권의 소멸시효 ········ 172
1. 소멸시효 ········ 172
2. 차용증 작성으로 소멸시효가 갱신될 수 있는지 여부 ········ 174

3. 채무자의 배우자에게 채무를 귀속시킬 수 있는지 여부 ······ 174

제3장 서식편

I. 소 장 ······ 177
II. 답변서 ······ 180
III. 준비서면 ······ 183
IV. 항소장 ······ 186
V. 상고장 ······ 189
VI. 고소장 ······ 191
VII. 합의서 ······ 194
VIII. 내용증명 ······ 196
IX. 지급명령신청 ······ 198
X. 과세전적부심사청구서 ······ 201
XI. 금융거래정보 제출명령 신청서 ······ 205
XII. 행정심판 청구서 ······ 208
XIII. 정식재판 청구서 ······ 212

미 주 ······ 214

제 1 장

기초편

Ⅰ. 법의 분류 및 해석

Ⅱ. 법의 연원

Ⅲ. 기본권

Ⅳ. 국가와 개인

Ⅴ. 개인 간 법률관계

I

법의 분류 및 해석

1. 법의 분류

1) 자연법과 실정법

한스켈젠(H. Kelsen, 1881~1973)은 「순수법학」을 통해 법을 2가지 유형으로 구분하였다. 하나는 의무를 부담하는 인간이 입법과정에 참여하는 실정법이고, 다른 하나는 그러한 참여 없이 성립되는 법규범으로 이를 자연법이라고 한다. 자연법은 인간 본성에 내재된 가치를 기반으로 하며, 자연법 이론에 따르면 모든 사람은 입법 행위가 아니라 자연 또는 이성에 의해 부여된 고유한 권리를 가지고 있다.

동독국경수비대 사건

피고인들은 국경 근무로 배치되기 이전에 "국경침범자"에 대하여 총기를 사용할 각오가 되어 있는지의 여부에 관하여 질문을 받았다. 피고인들이 교육받은 동독 국경법 제27조 제2항 제1호는 "상황에 의하여 중범죄로 보여지는 범죄행위의 직접적인 임박 또는 그러한 범죄행위의 계속을 저지하기 위한 경우 총기의 사용은 정당화"되는 것으로 규정한다. (중략) 원심은 피고인들에 의하여 행해진 연발사격은 국경법 제27조에 의하여 보호되지 아니한다는 결론에 이르렀다.[1)]

라과디아(Fiorello Henry La Guardia) 판사는 미국의 대공황 시대에 빵 한 덩어리를 훔쳐 기소된 노인과 재판장 자신에게 10달러의 벌금형을 선고하여 벌금을 대신 내주고, 방청객들에게도 50센트의 벌금형을 선고하여 47.5달러를 거둬들여 노인을 도와주는 재판을 한 것으로 유명하다.[2] 위 두 사건의 공통점의 실정법이 자연법적 사상에 의해 평가되었다는 점이다. 때때로 자연법은 인간 본성에 적합한 법으로 설명된다.[3] 고대로부터 내려온 자연법 사상은 19세기 이후 법실증주의의 지지로 그 소임을 다 한 것으로 보았다. 그러나 오늘날 자연법은 인권보호의 중심가치로 설명되기도 한다.[4]

2) 체계에 따른 분류

(1) 공법과 사법 및 사회법

다원화된 사회에서 법은 도덕과 관습, 종교규범 등으로부터 명확히 구별되기 시작하였다.[5] 법이 규율대상으로 하는 인간의 생활관계에 따라 공법과 사법으로 분류된다. 전자는 선거권, 납세의무 등 국가를 조직하고 유지하는 것으로 국가와 개인 간의 권리·의무 관계의 구성을 기본내용으로 한다. 공법이 지배하는 법률관계는 비대칭적이고 불평등하다. 공공기관은 개인의 권리에 대한 결정을 내릴 수 있다. 그러나 이때에는 반드시 법률에 근거가 있어야 하며, 그 결정에 불만이 있는 자는 사법심사를 요청할 수 있다.

개인간의 법률관계는 계약이나 불법행위에 의하여 성립하는데 사법은 이러한 개인 상호 간의 개별적인 권리·의무 관계의 구성을 기본내용으로 한다. 19세기 법학자들은 사법과 공법의 엄격한 구분을 경계하기 시작하면서 의문을 제기하게 되었다. 오토 본 기르케(Otto von Gierke)는 사회법의 포괄적인 역사와 이론을 개발하기 위하여 노력하였으며,

20세기 초반 민주사회에서의 사회정의에 대한 학자들의 애착은 사법을 공법화시키게 되었다. 오늘날 자본주의가 고도화되면서 문제된 사회병리현상에 대한 시정의 요구에 의해 사회법이 일반화되어 있다.

(2) 실체법과 절차법

권리와 의무의 발생·변경·소멸을 내용으로 규정하고 있는 것을 실체법이라 하고, 그 실현에 관한 구체적인 절차를 규율하는 것을 절차법이라고 한다. 예컨대, 민법 제750조는 고의 또는 과실로 인한 위법행위로 타인에게 손해를 가한 자는 그 손해를 배상할 책임이 있다고 규정하고 있다. 이에 관하여 민사소송법은 위 손해배상사건을 관할하는 법원 및 소송절차와 판결의 확정을 비롯한 일련의 절차를 규정하고 있다. 실체법상 권리는 절차법에 의하여 구체화되며, 상호 보완관계에 있다.

절차법은 ① 사건을 제기하고 ② 당사자에게 알리고 ③ 증거를 제시하고 ④ 사실을 결정하는 수단을 표준화하는데 있어서 공정성을 가하는 것에 의미가 있다. 그러나 절차법 규정의 경직성으로 인하여 이에 익숙하지 않은 당사자는 권리 구제의 기회가 심각하게 손상되는 경우도 있다. 예컨대, 현행 헌법재판소법 제69조 제1항은 헌법소원 심판은 그 사유가 있음을 안 날부터 90일 이내에, 그 사유가 있는 날부터 1년 이내에 청구하여야 한다고 규정한다. 그런데 舊헌법재판소법 관련 규정에서는 위 청구기간을 '60일' 및 '180일'로 규정하였는 바, 일반인의 경우 행정청의 처분이 행해졌다 할지라도 그것이 법령에 의한 직접적인 기본권 침해인지를 알기 어려우므로 60일이라는 청구기간은 사실상 법령에 대한 헌법소원을 제기하는 것을 박탈하는 것과 같다는 지적에 따라 개정되었다.

(3) 일반법과 특별법

특별법은 당해 행위가 특정인·장소·사항에 있어서 제한적인 범위에서 적용되는 개념이며, 일반법은 그 효력범위에 있어서 제한이 없는 것을 의미한다. 민법과 이자제한법과 같이 동일한 관계에 적용될 법으로서 일반법과 특별법이 경합하는 경우에는 일반법은 특별법에 보충적으로 적용되는데, 이를 특별법 우선의 원칙이라고 한다. 형법도 특정인이나 사물 또는 장소와 행위에 따라서 특별법이 일반법에 우선되어 적용된다. 즉, 일반법인 형사소송법 제244조는 자기 또는 배우자의 직계존속을 고소하지 못한다고 규정하고 있으나, 특별법인 성폭력범죄의 처벌 등에 관한 특례법 제18조는 성폭력범죄에 대하여는 형사소송법 제224조에도 불구하고 자기 또는 배우자의 직계존속을 고소할 수 있다고 규정한다. 그리고 가정폭력범죄의 처벌 등에 관한 특례법 제6조 제2항도 존속고소제한에 대한 특례를 허용하고 있다.

이 밖에도 법학의 계통에 의한 분류로 대륙법계 국가와 영미법계 국가로 나눌 수 있는데, 오늘날 실제 사례에 있어서는 그 경계가 뚜렷하지는 않다. 또한, 법문의 모습에 따라 강행법과 임의법으로 구분하고 다해 법률관계의 당사자가 규정과 다른 의사표시의 인정여부를 다루기도 하는데, 절대적인 기준은 없으며 주로 해석에 의하여 결정된다.

2. 법문의 해석방법

1) 판례의 입장

법규범의 의미내용은 그 문언뿐만 아니라 입법 목적이나 입법 취지, 입법 연혁 그리고 법규범의 체계적 구조 등을 종합적으로 고려하는 해석방법에 의하여 구체화된다.[6)]

법은 원칙적으로 불특정 다수인에 대하여 동일한 구속력을 갖는 사회의 보편타당한 규범이므로 이를 해석함에 있어서는 법의 표준적 의미를 밝혀 객관적 타당성이 있도록 하여야 하고, 가급적 모든 사람이 수긍할 수 있는 일관성을 유지함으로써 법적안정성이 손상되지 않도록 하여야 한다. 그리고 실정법이란 보편적이고 전형적인 사안을 염두에 두고 규정되기 마련이므로 사회현실에서 일어나는 다양한 사안에서 그 법을 적용함에 있어서는 구체적 타당성을 가지도록 해석할 것도 요구된다. 즉, 법해석의 목표는 어디까지나 법적 안정성을 저해하지 않는 범위 내에서 구체적 타당성을 찾는 데 두어야 한다. 그리고 그 과정에서 가능한 한 법률에 사용된 문언의 통상적인 의미에 충실하게 해석하는 것을 원칙으로 하고, 나아가 법률의 입법 취지와 목적, 그 제·개정 연혁, 법질서 전체와의 조화, 다른 법령과의 관계 등을 고려하는 체계적·논리적 해석방법을 추가적으로 동원함으로써, 앞서 본 법해석의 요청에 부응하는 타당한 해석이 되도록 하여야 한다.

한편, 법률의 문언 자체가 비교적 명확한 개념으로 구성되어 있다면 원칙적으로 더 이상 다른 해석방법은 활용할 필요가 없거나 제한될 수밖에 없다.[7] 특히 형벌법규의 경우에는 문언에 따라 엄격하게 해석·적용하고 유추해석을 금지하는 것이 죄형법정주의 원칙에 부합한다.[8]

CASE STUDY

국제축구대회에서 북한의 8강 진출에 일등공신이었던, 북한 대표 축구선수 태민이는 평소에 광부일을 하는 노동자이다. 갱내에서 광부일을 하다가, 축구 대회가 있으면 북한 노동당의 부름을 받고 열심히 공을 찬다. 그런 태민이의 아들 민찬이는 항상 태민이가 자랑스럽다. 비가 와서 아버지 일감이 없는 날이면, 항상 비를 맞으며 아버지와 함께 축구를 하는 때가 민찬이는 제일 행복하다. 그러던 어느날, 태민이는 아내 하윤이가 하루가 다르게 야윈 것을 보고 걱정이 생겼다.
알고보니, 광부 월급을 받지 못한 가정형편 때문에 집에 먹을 것이 없는 것이었다. 굶주림을 견디지 못한 태민이는 하윤이와 민찬이를 데리고 중국으로 넘어가기로 했다. 월경에 성공한 태민이 가족은 난민 협약의 당사국인 중국 당국에 보호를 해달라고 요청하였다. 그런데 중국 정부는 북한과 체결한 "탈북자 송환 조약"에 의거하여 이들을 다시 북한으로 돌려보냈다.

<문제> 난민조약의 해석상 태민이 가족의 법적 지위와 중국 정부의 탈북자 강제송환에 대하여 서술하시오.

2) 문언적 해석

객관적 해석이라고도 한다. 다른 해석기준 보다 중요한 해석기준에 해당한다.[9] 국제조약의 해석방법을 다룬 비엔나협약[10]에서도 문언적 해석을 우선적으로 명기하고 있다. 일반적으로 법률을 제정함에 있어서 추상적이고 애매모호한 법률용어가 남발되기도 한다.[11] 또한, 입법기술의 미숙으로 인하여 입법목적과 세부조문과의 일관성, 관계법령과의 통일성, 제재방법의 완전성 등에 있어서 여전히 문제가 많다.[12] 결국 해석자들에게 상당한 해석의 재량이 맡겨져 있다.

3) 목적론적 해석

형법 제243조는 음란한 문서, 도화, 필름 기타 물건을 반포, 판매 또는 임대하거나 공연히 전시 또는 상영한 자는 1년 이하의 징역 또는 500만원 이하의 벌금에 처한다고 규정한다. 이때, '전시'에는 공연상연도 포함되는 것으로 해석되는데 이처럼 확장해석을 하는 것은 미풍양속에 반하는 행위를 금지하려는 형법의 목적에 의한 것으로 본다.

위 사안에서 난민협약상 난민의 개념에는 "충분한 이유가 있는 공포”를 포함하고 있다. 즉, 박해사유로 인하여 공포감(주관적 요건) 및 공포감에 충분한 근거(객관적 요건)가 있어야 하는데, 경제적 사유(빈곤 등)는 난민으로 인정받을 수 없으므로 문언적 해석에만 국한하면 난민으로 취급될 수 없다. 자연재해로 인한 환경난민이나 범죄를 저지르고 기소를 피하기 위하여 도망하는 자도 정치적 박해를 중심으로 서술된 난민의 개념에 포함될 수 없다. 이에 반하여, 문언적 해석에 그치지 아니하고 입법취지를 고려한 해석방법을 사용하는 것을 목적론적 해석방법이라고 한다. 난민협약은 전문(Preamble)에서 동 협약의 목적을 밝히고 있으며 그 내용은 “...난민문제의...(중략)...가능한 모든 조치를 취할 것을 희망(이하 생략)...”한다고 선언하고 있다. 한편, 난민협약 제42조는 난민의 강제송환금지규정에 대한 유보금지를 규정하고 있다.

조약의 유보

조약에 다수 당사국이 가입하고 보편적 조약으로 평가되는 것이 조약 내 조항의 일률적·통일적 적용보다 중요한 것으로 다루어진다. 그래서 조약의 조항 중 일부를 배제하고 조약에 가입할 수 있는데, 이를 조약의 유보라고 한다. 예컨대, 포로대우에 관한 제네바협약 가입을 앞둔 국가가 동 협약의 조항을 살펴보던 중 포로에게 주거·식사·피복·휴게시간·술·담배를 제공하는 각 조항을 발견하였다고 가정하자. 이 중 “담배”를 포로에게 제공하는 것은 굳이 의무사항으로 받아들이지 않을 수 있다. 즉, “담배” 부분은 배제시키고 조약에 가입하는 것이 가능하다. 조약 또는 조약의 조항별로 유보를 인정하거나 인정하지 않는 조약이 있으며 대부분 이를 명문으로 규정한다. 만약, 유보에 관한 명문규정이 없는 경우라 하더라도 조약의 보편성을 위해서 조약의 유보를 인정하고 있다(제노사이드협약 유보 사건).
우리나라는 포로대우에 관한 제네바 협약에 가입하면서 전쟁이 종료되면 “지체없이” 포로를 본국으로 송환시켜야 하는 규정을 “포로의 의사를 확인 후 지체없이”라고 해석선언 하였다. 이에 대하여 해석선언이 유보인지에 대해서는 학설대립이 있으나, 유보에 해당하는 것으로 본다.

강행규범

무력사용이나 인종차별, 고문, 집단살해, 동의 받지 않은 생체실험은 어떠한 경우에도 허용되지 않는다. 조약은 체결당시에 일반국제법의 강행규범(Peremptory norm)과 충돌하는 경우 무효라고 규정하고 있다. 난민강제송환금지가 강행규범인지에 관해서는 최소한 강행규범으로 발전되어가는 단계에 해당한다.[13)]

4) 체계적 · 합리적 해석

해석은 법적안정성을 침해하지 않는 범위 내에서 문언의 통상의 의미에 맞추어 해석하며, 구체적 타당성을 추구하여야 한다. 법문 자체가 비교적 명확하면 원칙적으로 다른 해석방법이 제한된다. 그렇지 않은 경우에는 당해 법문의 제 · 개정 연혁, 법 질서 전체의 조화, 다른 법령과의 관계를 고려하는 체계적 · 합리적 해석방법을 사용할 수 있다.

5) 보충단수

상술한 해석방법에도 불구하고 해석의 결과가 모호하거나 비합리적인 경우에는 해석의 보충수단을 활용할 수 있다. 해석의 보충수단의 방법에는 교섭기록(초안 · 회의록 · 보고서)과 체결 시 사정(역사적 배경)을 고려한 해석을 들 수 있다. 아래는 한 · 일 청구권협정에 있어서 일본과 한국의 해석이 쟁점화 된 문제이다.

한 · 일 청구권 협정 제2조 제1항

개인청구권에 관한 문제가 1951년 9월 8일 샌프란시스코시에서 서명된 일본국과의 평화조약 제4조(a)에 규정한 것을 포함하여 완전히 그리고 최종적으로 해결된다는 것을 확인한다.

일 · 한 청구권 조약과 재한 사유재산 등에 관한 국내보상문제

평화선을 침범하여 나포된 일본 어선 선주 문제에 대하여 “일한협정이 체결되더라도 개인청구권은 유효하다”

II

법의 연원

1. 개념

법원(法源) 또는 법의 연원(Sources of Law)은 재판에 있어서 기준이 되는 법의 존재형식을 의미한다.[14] 법원의 적용순위는 개별법률 마다 다르게 나타난다. 민법은 법률→관습법→조리의 순으로 나타나며, 법원이 존재하지 않는 경우에는 사안에 따라 유추해석을 허용한다. 단, 형법은 원칙적으로 법률만을 그 대상으로 한다. 국제법은 법률·관습법→법일반원칙→판례·학설 순으로 나타난다. 여기에서 법일반원칙이란, 국제법이든 국내법이든 불문하고 문명국에서 승인되어진 법규범의 총체를 의미한다. 판례는 대륙법계 국가와 영미법계 국가가 법원의 인정여부를 다르게 취급하고 있다. 대륙법계 국가에서는 원칙적으로 판례의 법원성을 부정(기판력의 상대성)하고 있으나 관습법의 성립요건을 확인하고, 법적 안정성·예측가능성을 추구한다는 측면에서 활용도가 높다.

2. 법치주의

'정당한 법을 통한 정치'의 원리를 의미한다. 국민의 자유와 권리를 제한하거나 국민에게 새로운 의무를 부과하려 할 때에는 반드시 국민의 대표기관인 의회가 제정한 법률로써 하게 하고, 행정과 사법도 법률에 의거하여 하게 함으로써, 국민의 자유와 권리 및 법적 안정성·예측가능성을 보장하기 위해서이다. 뿐만 아니라 법률은 자유·평등·정의의 실현을 그 내용으로 하여야 한다. 즉, 그 법률의 목적과 내용 또한 기본권보장의 헌법이념에 부합되어야 한다. 봉건사회의 악습과 폐단은 자본주의사회의 구성을 촉진시켰으며, 자본주의사회에서도 오늘날과 같은 의미의 법 체계를 갖추는 데에는 상당한 시간이 소요되었다. 특히 부르주아(Bourgeois)를 비롯한 지배계급의 통치수단으로 법률이 악용되는 경향은 현재까지도 잘 나타난다. 그러나 법은 지배계급의 도구가 아니라 일반시민의 주권적 의지를 표명한 수단에 해당한다. 영국의 명예혁명(1688년)은 이 점을 강조한다. 물론 명예혁명은 특정 사회 계급의 권력에 대한 투쟁으로 알려져 있지만, 후일에 있어서 미국의 독립혁명(1776년)과 프랑스의 시민혁명(1789년)의 토대가 되는 중요한 초석을 마련하였다. 프랑스의 계몽사상가 몽테스키외(1689년~1755년)는 그의 「법의 정신」을 통해 정부의 유형을 구분하였고, 이 중 민주공화정은 법에 의한 통치로서 법치주의를 의미한다. 법치주의는 권력분립과 법적안정성 및 예측가능성으로 대별된다.

3. 성문법

성문법은 모든 법원 중 최우선순위에 해당한다. 다만, 국제법의 경우에는 다수 국가 간의 이해관계를 규합하여 문자로 표기하는 것이 어려운 까닭에 불문법인 관습법과 성문법인 조약을 동위의 효력을 가지는 것으로 보고 있다. 조약은 양자조약과 다자조약으로 구분되며, 일반적으로 양자조약이 다자조약보다 우위의 효력을 가진다(GATT<FTA).

입법자는 충분한 시간을 할애하여 법안 제반사항을 면밀히 검토한 후, 법령을 제·개정하여야 한다. 그러나 반대의 경우에는 제·개정 시한에 쫓기어 서둘러 처리할 수 있으며, 만일 법령이 졸속으로 제·개정되고 이 과정에서 일반조항이 남용되는 경우에는 입법 목적의 달성이 소홀하게 취급된다. 따라서 성문법의 제·개정에 있어서 입법자의 전문적인 입법기술 구비는 필수적인 요소라고 할 수 있다. 그렇지만, 문언이 내재하고 있고 고유의 한계로 인하여 성문법의 해석문제는 법학의 숙명적 과제로 남겨지게 된다.

4. 불문법

복잡하고 다양한 모든 법률관계를 예상하여 성문법규칙을 제정한다는 것은 불가능하므로, 특히 개인 상호 간의 권리·의무의 총체로 이루어진 사법 영역에서 불문법은 주요한 역할을 한다. 다만, 이러한 경우에도 성문법의 순위를 초월하지 못하는 것이 일반적이다. 사적활동의 고유 영역에 해당하는 부분을 성문법으로 기술하지 못하는 경우에는 불문법인 관습법이 적용된다. 여기에서 실제로 관습법에 해당하는지 여부가 문제인데, 예컨대 계약금 요율에 관한 관행이나 권리금 따위가 이에 해당한다. 관습법은 지속적인 관행 및 법적확신을 성립요건으로 한다.

불문헌법 인정 여부[15)]

서울이 우리나라의 수도인 점은 불문의 관습헌법이므로 헌법개정절차에 의하여 새로운 수도 설정의 헌법조항을 신설함으로써 실효되지 아니하는 한 헌법으로서의 효력을 가진다. 헌법개정에 있어서 국민이 가지는 참정권적 기본권인 국민투표권의 행사를 배제한 것이므로 동 권리를 침해하여 헌법에 위반된다.

입법자는 예상치 못한 법의 공백 내지 흠결이 있다는 이유로 판결을 거부할 수는 없다. 대한민국 헌법이 '국민의 자유와 권리는 헌법에 열거되지 아니한 이유로 경시되지 아니한다'라고 하거나 민법 제1조가 '민사에 관하여 법률에 규정이 없으면 관습법에 의하고 관습법이 없으면 조리에 의한다'라고 규정하는 것도 불문법의 법원성을 전제로 한 조항에 해당한다. 자연법도 불문법에 해당하나, 법원성 인정여부에 대해서는 견해가 대립한다.[16]

III

기본권

강학상 기본권은 헌법상 보장된 권리, 즉 헌법상의 권리(Constitutional right)를 말한다. 실정법에 명시적으로 정하고 있는 기본권이라는 용어는 헌법재판소법 제68조 제1항에서 사용되고 있다. 헌법상의 권리(=기본권)는 제10조~제36조에 명문화 되어 있다. 제37조 제1항은 국민의 자유와 권리는 헌법에 열거되지 아니한 이유로 경시되지 아니한다고 하면서, 동조 제2항은 국민의 모든 자유와 권리는 국가안전보장·질서유지 또는 공공복리를 위하여 필요한 경우에 한하여 법률로써 제한할 수 있으며, 제한하는 경우에도 자유와 권리의 본질적인 내용은 침해할 수 없다고 규정하여 기본권 제한의 한계를 제시하고 있다.

국가가 정책 등의 달성을 위해 국민의 기본권을 법률로 제한할 경우에는 목적이 정당해야 하고, 그 방법이 적절해야 하며, 국민의 피해를 최소화하는 수단을 사용해야 한다. 또한 이러한 요건이 모두 충족된다고 하더라도, 국민의 권리침해로 인한 마이너스 효과와 정책 달성으로 인한 플러스 효과를 최종적으로 저울질해 보아 국민의 권리 침해의 비중이 더 크다면 이는 비례원칙에 위반되는 것이다

각 기본권은 성격에 따라 그 권리가 구체화된다. 예컨대, 제31조 교육 받을 권리의 경우, 학습권·부모의 자녀교육권과 교육참여권·무상의무교육을 받을 권리 등으로 구체화시킬 수 있다. 또한, 제28조 국가

에 대한 보상 청구권은 개별 권리로써의 성격보다 신체의 자유의 일환으로 설명되어지기도 한다.

기본권은 그 성립과 역사를 살펴볼 때 전통적으로 국가권력에 대해 개인의 자유와 권리를 주장할 수 있는(방어하기 위한) 대국가적 방어권이었다. 즉, 사인 상호 간의 관계에 있어서는 헌법이나 공법과는 별도로 사적자치 · 계약자유를 최고의 원리로 한 사법의 체계가 형성되어 있었고, 따라서 기본권은 사인 간에 있어서는 효력을 갖지 않는다는 것이 과거의 다수설이었다. 그러나 오늘날 개인의 자유와 권리는 국가에 의해서만 침해되는 것이 아니라 사회적 세력이나 단체 또는 개인에 의해서도 침해될 뿐만 아니라 그 수가 점차 증가하고 있다. 따라서 이들에 대해서도 기본권을 보호해야 할 현실적 필요성, 즉 기본권의 대사인적 효력의 문제가 대두되게 되었다.

[표 1] 헌법상 기본권

자유와 권리	관련 규정
인간의 존엄과 가치 · 행복추구권	제10조
평등권	제11조
신체의 자유	제12조
죄형법정주의	제13조
거주 · 이전의 자유	제14조
직업의 자유	제15조
주거의 자유	제16조
사생활의 비밀과 자유	제17조
통신의 자유	제18조
양심의 자유	제19조
종교의 자유	제20조
언론 · 출판의 자유	제21조
학문 · 예술의 자유	제22조

사유재산권 보장	제23조
선거권	제24조
공무담임권	제25조
청원권	제26조
재판 받을 권리	제27조
형사보상청구권	제28조
국가배상청구권	제29조
범죄구조청구권	제30조
교육 받을 권리	제31조
근로의 권리	제32조
근로 3권	제33조
인간다운 생활을 할 권리	제34조
환경권	제35조
혼인과 가족생활을 할 권리	제36조
저항권 · 생명권 · 자기결정권 · 인격권	전문 및 제37조

1. 인간의 존엄과 가치

1) 인간존엄의 국제적 보장

인간은 이성(理性)을 가지고 있기 때문에 존엄(理性)을 가지고 있고 개인으로서 존중된다. 인간존엄의 보편성을 실현시키기 위해서는 민주적인 제도가 필수적으로 요구되는 바, 국가는 이를 보장하여야 한다. 독일과 일본은 고문, 집단살해, 생체실험 등 군국주의에 의한 만행을 경험한 후, 이와 같은 과오를 반복해서는 안된다고 하는 다짐을 천명하는 의미에서 인간존엄을 헌법적 가치로 선언하였다.[17] 나이지리아 주민들이 불법 임상실험을 한 글로벌 제약회사를 상대로 소송에서도 인간존엄이 중요한 가치로 받아들여졌다. 대한민국 헌법은 제10조에서는 인간존엄의 가치 및 행복추구권을 명문으로 규정하면서 포괄적이면서 최고규범성을 가지고 있는 조항으로 이해된다. 사람의 시기에 관하여는 개별법이 다른 견해를 가지고 있는데, 형법은 이른바 '진통설'의 입장이고, 민법은 '전부노출설'이 다수설이다.

초기배아의 기본권 주체성 여부

배아의 경우 현재의 과학기술 수준에서 모태 속에서 수용될 때 비로소 독립적인 인간으로의 성장가능성을 기대할 수 있다는 점, 수정 후 착상 전의 배아가 인간으로 인식된다거나 그와 같이 취급하여야 할 필요성이 있다는 사회적 승인이 존재한다고 보기 어려운 점 등을 종합적으로 고려할 때, 기본권 주체성을 인정하기 어렵다(헌법재판소 2010. 5. 27. 2005헌마346 결정).

2) 관련 기본권

(1) 존엄하게 죽을 권리

'연명치료 중단, 즉 생명단축에 관한 자기결정'은 '생명권 보호'의 헌법적 가치와 충돌하므로 '연명치료 중단에 관한 자기결정권'의 인정여부가 문제되는 '죽음에 임박한 환자'란 '의학적으로 환자가 의식의 회복가능성이 없고 생명과 관련된 중요한 생체기능의 상실을 회복할 수 없으며 환자의 신체상태에 비추어 짧은 시간 내에 사망에 이를 수 있음이 명백한 경우', 즉 '회복 불가능한 사망의 단계'에 이른 경우를 의미한다 할 것이다. 이와 같이 '죽음에 임박한 환자'는 전적으로 기계적인 장치에 의존하여 연명할 수밖에 없고, 전혀 회복가능성이 없는 상태에서 결국 신체의 다른 기능까지 상실되어 기계적인 장치에 의하여서도 연명할 수 없는 상태에 이르기를 기다리고 있을 뿐이므로, '죽음에 임박한 환자'에 대한 연명치료는 의학적인 의미에서 치료의 목적을 상실한 신체

침해 행위가 계속적으로 이루어지는 것이라 할 수 있고, 죽음의 과정이 시작되는 것을 막는 것이 아니라 자연적으로는 이미 시작된 죽음의 과정에서의 종기를 인위적으로 연장시키는 것으로 볼 수 있어, 비록 연명치료 중단에 관한 결정 및 그 실행이 환자의 생명단축을 초래한다 하더라도 이를 생명에 대한 임의적 처분으로서 자살이라고 평가할 수 없고, 오히려 인위적인 신체침해 행위에서 벗어나서 자신의 생명을 자연적인 상태에 맡기고자하는 것으로서 인간의 존엄과 가치에 부합한다 할 것이다. 그렇다면 환자가 장차 죽음에 임박한 상태에 이를 경우에 대비하여 미리 의료인 등에게 연명치료 거부 또는 중단에 관한 의사를 밝히는 등의 방법으로 죽음에 임박한 상태에서 인간으로서의 존엄과 가치를 지키기 위하여 연명치료의 거부 또는 중단을 결정할 수 있다 할 것이고, 위 결정은 헌법상 기본권인 자기결정권의 한 내용으로서 보장된다 할 것이다.[18] 그러나 '연명치료 중단에 관한 자기결정권'을 보장하는 방법으로서 '법원의 재판을 통한 규범의 제시'와 '입법' 중 어느 것이 바람직한가는 입법정책의 문제로서 국회의 재량에 속한다 할 것이다. 그렇다면 헌법해석상 '연명치료 중단 등에 관한 법률'을 제정할 국가의 입법의무가 명백하다고 볼 수 없다.

CASE STUDY

甲은 만취한 상태에서 화장실 바닥에 넘어지면서 머리에 충격을 받아 경막외 출혈상을 입어 병원으로 이송된 후, 전담의사 A와 주치의 B에 의한 혈종제거 수술이 성공적으로 이루어졌다. 그런데 甲의 처 乙은 치료비 지출이 상당히 부담되자 甲이 죽는게 낫겠다고 생각하고 A과 B에게 퇴원시켜달라고 요구하였고, A와 B의 만류에도 불구하고 乙이 계속 퇴원을 고집하자 이를 받아들여 甲의 호흡보조장치를 제거하였는데, 이튿날 甲은 호흡곤란으로 사망하였다. A와 B는 甲의 사망에 법적 책임을 지는가?

(2) 외국인의 기본권 주체성

외국인의 경우에도 제한적으로 기본권 주체성을 인정한다. 대한민국 헌법에서 기본권 관련 규정상 모든 '국민'이라고 표시한 것으로 외국인의 기본권 주체성을 부정할 수 없다. 특히 헌법 제10조 제2문은 "국가는 개인이 가지는 불가침의 기본적 인권을 확인하고 이를 보장한다"라고 밝히고 있으며, 세계인권선언을 비롯한 국제헌장에서도 외국인의 기본권은 보편적으로 인정하고 있다. 우리 대법원은 불법체류 외국인근로자에 대하여 이미 형성된 근로관계에 있어서의 근로자로서 신분에 따른 노동 관계법상의 제반 권리를 인정한다.[19] 한편, 국가별로 외국인의 재산권 행사와 사회보장수급권에 대한 차이가 있는데, 주로 상호주의에 입각한 방식으로 이를 다루고 있다. 이러한 까닭에 외국인은 국적국과 거소국 간의 상호 의무에 의하여 반사적 이익을 향유하는 것으로 보고 있다.[20] 국내에서는 외국인에게 국적을 부여하는 문제와 체류자격 등이 행정청의 재량의 영역으로 다루어지고 있다. 국내에서의 외국인 체류 장기화 및 결혼이민자의 증가로 인하여 외국인 신분의 변화가능성이 높아짐에 따라 이들의 존엄과 가치 실현을 위한 구체적·직접적 이익에 대한 논의가 필요하다.

2. 평등권

18세기 후반 프랑스 헌법 제3조는 평등권에 대하여 처음으로 규정하였다. 그 후 평등권은 대부분의 국가에서 성문화시키고 있으며, 실질적인 평등으로서 합리적 기준없는 차별을 받지 않을 권리를 의미한다. 신앙이 강조되었던 중세시대에는 주로 '신' 앞에 평등이 요구되었으나 근대부터 오늘날에 이르기까지 '법' 앞에 평등은 최고권리로써 대부분의 국가에서 법해석 및 집행의 기준이 된다.[21] 평등권은 다른 기본권과 함께 주장되면서 르완다·발칸반도 내전, 캄보디아 킬링필드, 이스라엘과 팔레스타인 분쟁, 對중국 독립운동, 퍼거슨시 사건 등 오늘날까지 국제사회와 각 국의 입법정책에 영향을 미치고 있다.

<질문> 당직근무 중 4명이 화투놀이를 하다가 발각되어 징계를 받게 되었는데, 3명은 견책 처분이고 저는 파면 당했습니다.

<답변> 피징계자에게 징계사유가 있어서 징계처분을 하는 경우 어떠한 처분을 할 것인가는 징계권자의 재량에 맡겨진 것이고, 다만 징계권자가 재량권의 행사로서 한 징계처분이 사회통념상 현저하게 타당성을 잃어 징계권자에게 맡겨진 재량권을 남용한 것이라고 인정되는 경우에는 위법합니다. 합리적인 사유 없이 같은 정도의 화투놀이를 한 다른 피징계자와의 공평을 잃은 징계처분은 평등의 원칙에 반합니다.

3. 신체의 자유

독일인 LaGrand 형제는 미국 애리조나주에서 은행강도를 하던 중 은행지점장을 살해하고 은행직원들에 중상을 입힌 혐의로 사형이 선고되었다. 그런데 독일은 이들 형제가 영사접견권을 고지 받지 못하였으므로 적법한 판결이 아니라고 주장하였다. ICJ 영사접견권의 권리를 인정하고 이와 관련한 본안 소송이 다루어질 때까지 이들 잠정조치를 통해서 사형집행을 연기할 것을 요청하였다.[22]

체포·수사·재판에 이르는 단계에서 적법절차의 원칙은 시민적정치적권리에 관한 국제규약 제9조 및 헌법 제11조에서 규정한다. 피의자는 신체의 자유가 제한되는 체포에 있어서 그 이유를 통고받아야 한다. 대법원은 경찰관들이 체포를 위한 실력행사에 나아가기 전에 체포영장을 제시하고 미란다 원칙을 고지할 여유가 있었음에도 애초부터 미란다 원칙을 체포 후에 고지할 생각으로 먼저 체포행위에 나선 행위는 적법한 공무집행이라고 보기 어렵다는 등의 이유로 공무집행방해죄를 무죄로 선고한 원심판단이 정당하다고 밝힌 바 있다.[23]

신체의 자유와 관련하여서는 이른바 시한폭탄 상황(Ticking time bomb scenario)에서의 고문 허용여부가 문제된다. 인질구출이나 테러의 위협으로부터 벗어나기 위한 고문은 정당화될 수 있는지가 논의의 대상이다. 생각건대, 강행규범 위반사항을 제외하고는 고문금지가 지켜져야 한다. 다만, 무엇이 강행규범인지에 관하여는 충분한 논의가 선행되어야 할 것이다.

4. 죄형법정주의

1) 개념 및 기능

죄형법정주의는 18세기에 제정된 미국 헌법과 프랑스 인권선언에 의해 확립되었다. 국가의 자의적인 형벌은 국민의 자유와 권리를 침해하므로 이를 방지하기 위하여 미리 성문법률에 범죄 종류와 형벌의 한계를 정해놓아야 하며, 이는 일반적으로 범죄를 예방하면서 재범을 방지하는 역할을 하게 된다. 뉘른베르크 전범재판소에서 피고인들은 죄형법정주의 위반이라는 사유로 무죄를 주장하였는데, 재판부는 이를 받아들이지 않았다.[24] 재판부는 1939년에 부전조약의 당사국이었던 독일, 이탈리아, 일본은 부전조약상 의무를 위반하였으므로 이미 국제범죄를 구성한다고 밝혔다. 피고인들의 이러한 주장은 극동군사재판소에서도 주장되었는데, 네덜란드 출신의 뢰링(Röling)판사는 죄형법정주의에 대하여 아래와 같이 판단하였다.

"법률이 없으면 범죄도 없고, 법률이 없이는 형벌도 없다"

이 격언은 국내에서의 법원 및 의회의 자의로부터 시민을 보호하고 시민을 위하여 채택되었을 때 유효한 것으로서 정책의 규칙(A rule of policy)에 불과하다.25)

전범재판 이후에는 죄형법정주의를 인권 분야에서의 중요한 권리로 인정하고 있다.

2) 법률주의·소급효금지의 원칙

법률주의를 성문법주의·관습형법금지의 원칙이라고도 한다. 관습법을 근거로 하는 새로운 구성요건의 도입이나 형의 가중을 허용해서는 안된다는 원칙이다. 소급효금지 원칙은 사후입법에 의한 처벌을 금지하는 것으로 형사제재 수단인 보안처분에 있어서는 긍정설·부정설·개별설로 학설이 나뉜다.

긍정설에 의하면 형벌과 보안처분은 개인의 자유를 제한하는 것으로 보안처분에 있어서도 소급효금지를 인정해야 한다는 입장이다. 부정설은 보안처분은 형벌처럼 과거의 위법에 기초하는 형사제재가 아니라 장래의 사회방위를 위한 수단이기 때문에 소급효를 인정해야 한다는 인정이다. 판례는 개별설의 입장을 취하고 있다.

위치추적 전자장치 부착 등에 관한 법률에 의한 전자감시제도는, 성폭력범죄자의 재범방지와 성행교정을 통한 재사회화를 위하여 그의 행적을 추적하여 위치를 확인할 수 있는 전자장치를 신체에 부착하게 하는 부가적인 조치를 취함으로써 성폭력범죄로부터 국민을 보호함을 목적으로 하는 일종의 보안처분이다. 이러한 전자감시제도의 목적과 성격, 그 운영에 관한 위 법률의 규정 내용 및 취지 등을 종합해 보면, 전자감시제도는 범죄행위를 한 자에 대한 응보를 주된 목적으로 그 책임을 추궁하는 사후적 처분인 형벌과 구별되어 그 본질을 달리하는 것으로서 형벌에 관한 소급입법금지의 원칙이 그대로 적용되지 않으므로, 위 법률이 개정되어 부착명령 기간을 연장하도록 규정하고 있더라도 그것이 소급입법금지의 원칙에 반한다고 볼 수 없다(대법원 2010.12.23. 선고 2010도11996, 2010전도86 판결).

3) 명확성 · 유추해석금지 · 적정성

(1) 명확성의 원칙

범죄의 구성요건과 형사제제의 수단 및 방법은 명확하게 규정하여야 하며, 절대적 부정기형(~한 者는 징역에 처한다)을 허용하지 않는다. 예컨대, 판례는 불량만화를 판매금지하는 舊미성년자보호법 조항의 위헌법률심판에서 음란성 또는 잔인성을 조장할 우려가 있거나 기타 미성년자로 하여금 범죄의 충동을 일으킬 수 있게 하는 만화의 반포 등 행위를 금지하고 이를 위반하는 자를 처벌하는 조항은 명확성의 원칙에 위배되는 것으로 보았다.[26] 이에 반하여 청소년 이성혼숙을 한 숙박업소는 풍기를 문란하게 하는 영업행위에 해당하므로 구체적인 사건에서 법관의 보충적일 해석이 인정될 수 있다.[27] 일반적으로 법문은 표현력의 한계가 있을 뿐만 아니라 그 성질상 어느 정도의 추상성을 가지는 것은 불가피하다.[28]

(2) 유추해석금지의 원칙

유추는 당해 사안을 규율하는 법규정이 존재하지 아니하는 명시적 흠결의 경우에 당해 법률의 '목적'에 비추어 보충하는 방법이다.[29] 죄형법정주의 체계에서는 문언의 가능한 의미 범위를 넘어서는 해석을 원칙적으로 금지한다. 국제형사재판소에 관한 로마규정 제22조 제2항에서도

범죄의 정의(Definition)는 엄격히 해석되어야 하며 유추에 의하여 확장되어서는 아니된다고 규정한다. 단, 피고인에게 유리한 유추해석은 가능하다. 예컨대, 독일 형법 제226a조는 문신이나 의학실험과 같은 신체손상행위가 피해자가 승낙하고 선량한 풍속에 위반되지 않을때에는 위법성이 없다고 규정하고 있다. 그런데 동법에서 감금죄에 대해서는 피해자의 승낙에 관한 규정이 존재하지 않는 상황에서 대학생이 밤새워 공부하기 위해서 바깥에서 문은 잠그라고 하는 자발적 감금은 위 규정을 유추해서 흠결을 보충할 수 있다.30) 이에 반하여, 북한 형법은 개별조문에 열거되지 않는 범죄 이외에도 폭넓은 유추해석을 허용하면서 가벌성을 높이고 있다. 그러나 북한이 가입한 B규약 제15조는 유추해석 금지 원칙을 포함하고 있다.

우리 대법원은 의사가 환자와 대면하지 아니하고 전화나 화상을 이용하여 환자의 용태를 스스로 듣고 판단하여 처방전을 발급하여 기소된 사안에서 舊의료법 관련 규정은 의사가 진찰하지 않고 처방전을 발급하는 행위를 금지하는 것일 뿐 대면진찰을 하지 않은 것을 금지하는 조항이 아니므로 의료법 위반이 아니라고 판단하였다.31) 또한, 온라인 게임 계정에 가입을 위해서 타인으로부터 제3자의 주민등록번호를 입수하여 사용한 사건에서 피고인이 허위의 주민등록번호를 생성하여 사용한 것이 아니라 타인에 의하여 이미 생성된 주민등록번호를 단순히 사용한 것에 불과하므로 피고인에게 불리한 유추해석을 금지하는 법리에 비추어 위 법조 소정의 구성요건을 충족시켰다고 할 수 없다고 판단하였다.32) 군 형법상 상관면전모욕죄로 기소된 사안에서도 '면전'이 아닌 '전화'로 모욕을 한 경우에는 처벌할 수 없는 것으로 보고 있다.

舊축산물가공처리법 제2조의 규정에 보면 "수축"이라 함은 소, 말, 양, 돼지, 닭, 오리 기타 대통령령으로 정하는 동물로 되어 있고, 어느 규정에도 염소는 포함되어 있지 아니하므로 염소는 축산물가공처리법에서 말하는 "수축"에 해당된다고 볼 수 없고, 따라서 염소를 도살하거나 해체하는 것은 축산물가공처리법 제21조 제1호 위반범죄의 구성요건에 해당하지 아니한다하여 피고인에 대한 본 건 염소를 도살한 행위는 범죄가 성립되지 아니한다고 보아서 무죄를 선고하였는바, 살피건대 "양"과 "염소"는 다같이 우과에 속하는 반추하는 가축이기는 하나 같은 동물이라고는 할 수 없다(77도405 판결).

(3) 적정성의 원칙

국가의 정당성을 유지하기 위한 형벌은 최소한의 한도로 적용·집행되어야 한다. 적정하지 않은 형벌은 위헌법률심판을 통해서 개정하거나 폐지하게 할 수 있다. 혼인빙자간음죄 위헌사건에서 헌법재판소는 해악적 문제가 수반되지 않는 한 이성관계 자체에 대하여 법률이 직접 개입하는 것은 성적 자유에 대한 무리한 간섭이리가 밝히면서 남성의 여성에 대한 유혹의 방법은 남성의 내밀한 성적자기결정권의 영역에 속하는 것이고, 또한 애정행위는 그 속성상 과장이 수반되므로 남성이 결혼을 약속했다고 하여 성관계를 맺은 여성만의 착오를 국가가 형벌로써 사후적으로 보호한다는 것은 여성을 열등한 존재라는 것의 규범적 표현으로 남녀평등의 사회를 지향하고 실현해야 할 국가의 헌법적 의무에 반하는 것이자 사실상 국가 스스로가 여성의 성적자기결정권을 부인하는 것이 되는 것으로 보았다.[33]

또한, 결혼과 성에 관한 국민의 법의식에 많은 변화가 생겨나 여성의 착오에 의한 혼전 성관계를 형사 법률이 적극적으로 보호해야 할 필요성은 이미 미미해졌으며 혼인빙자간음 고소 및 그 취소가 남성을 협박하거나 그로부터 위자료를 받아내는 수단으로 악용되는 폐해도 종종 발생하는 등 형벌로서 처단기능이 약화되었고, 동 사건 형벌규정이 보호하고자 하는 공익은 '성행위 동기의 착오의 보호'로서 그것이 침해되는 기본권보다 중대하다고 볼 수 없으므로 법익의 균형성도 상실하였다고 결정하면서 해당 조문을 폐지시켰다.[34]

4) 범죄의 성립요건

범죄가 성립하려면 구성요건 해당성, 위법성, 책임능력을 갖추어야 한다. 형법은 제17조에서 어떤 행위라도 죄의 요소되는 위험발생에 연결되지 아니한 때에는 그 결과로 인하여 벌하지 아니한다고 규정한다. 즉, 구성요건에 해당하기 위해서는 당해 행위로 인하여 결과가 발생하여야 한다(인과관계). 이에 대하여 판례는 원인행위와 결과 사이에 일반적 경험칙에 비추어 개연성이 있다고 인정되면 인과관계를 인정하는 상당인과관계설을 취하고 있다. 주관적 구성요건으로서 고의는 불확정적 고의를 포함한다. 불확정적 고의의 법적 효과는 확정적 고의와 동일하다.[35]

운전경력자의 미필적 고의

의무경찰이 학생들의 가두캠페인 행사관계로 직진하여 오는 택시의 운전자에게 좌회전 지시를 하였음에도 택시의 운전자가 계속 직진하여 택시를 세우고는 항의하기 때문에, 그 의무경찰이 택시 약 30cm 전방에 서서 이유를 설명하고 있었다. 그런데 그 택시 운전자가 신경질적으로 갑자기 좌회전하는 바람에, 의무경찰이 택시 우측 앞 범퍼부분에 의하여 무릎을 들이받힌 사건이 발생하였다. 이는 사건의 경위, 사고 당시의 정황, 운전자의 연령 및 경력 등에 비추어 특별한 사정이 없는 한 택시의 회전반경 등 자동차의 운전에 대하여 충분한 지식과 경험을 가졌다고 볼 수 있는 운전자에게는, 사고 당시 최소한 택시를 일단 후진하였다 안전하게 진행하거나 의무경찰로 하여금 안전하게 비켜서도록 한 다음 진행하지 아니하고 그대로 좌회전 하는 경우 그로부터 불과 30cm 앞에서 서 있던 의무경찰을 충격하리라는 사실을 알고도 이러한 결과발생을 용인하는 내심의 의사, 즉 미필적 고의의 존재를 인정한다(대판 2004. 5. 14. 2004도74).

위법성 조각사유로는 ① 정당행위 ② 정당방위 ③ 긴급피난 ④ 자구행위 예외 ⑤ 피해자의 승낙으로 분류되며, 개별적 위법성조각사유로는 명예훼손죄에 있어서 공공의 이익에 의한 위법성조각(형법 제310조)이 해당된다.

자궁적출과 피해자의 승낙

산부인과 전문의 수련과정 2년차인 의사가 자신의 시진, 촉진결과 등을 과신한 나머지 초음파검사 등 피해자의 병증이 자궁외 임신인지, 자궁근종인지를 판별하기 위한 정밀한 진단방법을 실시하지 아니한 채 피해자의 병명을 자궁근종으로 오진한 바 있었다. 이에 근거하여 의학에 대한 전문지식이 없는 피해자에게 자궁적출술의 불가피성만을 강조하였을 뿐, 위와 같은 진단상의 과오가 없었으며 당연히 설명 받았을 '자궁외 임신'에 관한 내용을 '설명'받지 못한 피해자로부터 '수술승낙'을 받았다면, 위 승낙은 '부정확 또는 불충분한 설명을 근거'로 이루어진 것으로서 수술의 위법성을 조각할 유효한 승낙이라고 볼 수 없다고 하였다(대법원 1993. 7. 27. 선고92도2345).

책임능력은 유무와 경감에 따라 형사미성년자, 심신상실자, 심신장애인, 농아자로 규정한다. 형사미성년자는 만14세 미만인 자로 소년법상 보호처분의 대상이 된다. 심신상실자는 자신의 행위가 범죄라는 것을 깨달을 수 있는 사물변별 능력이 없거나 행위를 조종할 수 있는 의사결정능력이 없는자를 의미하며 벌하지 아니한다. 이에 따라 심신상실자이거나 심신장애인이 금고 이상의 형에 해당하는 죄를 지었을 때에는 치료의 필요성과 재범 위험성이 있는 경우에 치료감호의 대상이 된다.

국제형사재판소에 관한 로마규정 제31조 제1항 나호는 사람이 자신의 행위의 불법성이나 성격을 평가할 수 있는 능력이나 자신의 행위를 법의 요건에 따르도록 통제할 수 있는 능력을 훼손시키는 중독 상태에 있는 경우에도 형사책임을 조각시킨다고 규정하고 있다. 그러나 후단에서는 중독의 결과로서 행위자가 국제형사재판소 관할범죄를 구성하는 행위에 관여하게 될 것임을 인식하였거나 또는 그 위험을 무시하고 자발적으로 중독된 경우는 형사책임을 조각시키지 않는다고 규정하여 이른바 "원인에 있어서 자유로운 행위"인 경우에는 처벌이 가능하다.[36] 국내에서도 위험의 발생을 예견하였음에도 스스로 심신장애를 야기한 경우, 책임능력을 인정하고 있다.

CASE STUDY

甲과 乙은 휴일을 맞이하여 등산을 하던 중 우연히 커다란 성(Castle)을 발견하였다. 성 내부에는 고풍스러운 장식과 함께 커다란 침대가 놓여져 있었는데, 그곳에서 잠을 자고 있는 공주를 발견하였다. 공주를 깨워야겠다고 마음먹은 甲은 잠자는 숲속의 공주 동화를 떠올렸다. 甲은 乙에게 백마를 구해 올 것을 부탁하였고 乙은 1시간 후 백마를 구해서 나타났다. 乙로부터 백마를 건네받은 甲은 말안장에 올랐다가 내려선 후 공주에게 키스를 하였다. 甲의 키스로 자신이 오랜 잠에서 깨어난 것을 직감한 공주는 설렘을 안고 눈을 떴는데, 甲의 외모가 마음에 들지 않았다. 결국 공주는 甲을 성추행으로 신고하였는데, 甲은 처벌이 가능할까?

5) 형사절차

형사절차에서 관심과 불신을 받는 대표적 지점은 영장, 보석, 판결 선고 단계이다.[37] 일련의 절차에서 피의자·피고인은 유죄의 형으로 확정되기 전까지는 무죄로 추정되며 제한적으로 구속될 수 있다. 즉, 형사소송법 제70조는 ① 범죄혐의의 상당성 ② 증거인멸의 우려 ③ 도주우

려를 구속사유로 두고 있으며, 이때 피해자 등 중요 참고인 등에 대한 위해우려를 고려하여야 한다고 규정한다.

5. 환경권

1) 문제 제기

100층이 넘는 고층 건물에서 유리창을 닦던 두 사람이 떨어지게 되었다. 그들이 30층까지 떨어졌을 때 한 사람이 살려달라고 소리치는 소리에 다른 사람이 이야기했다.

> "흥분하지 마시오. 아직까지는 아무 일도 없지 않소."[38)]

국제사회에서 환경이라는 주제가 문제되기 시작한 것은 1960년대 초부터이다. 우리나라의 경우는 1980년 8월 15일 헌법 제33조에 다음과 같은 내용의 환경권을 신설하였다.

> "모든 국민은 깨끗한 환경에서 생활할 권리를 가지며, 국가와 국민은 환경보호를 위하여 노력하여야 한다"

이 규정은 환경권이 헌법에 규정되는 경우 국가의 인적·물적 부담이 많으며 비상 사태로 국가 부담 증대 내지 예산 집행상 어려움이 예상되고 경제발전이 둔화될 우려가 있다는 유력한 반대의견을 극복하고 도입된 것으로 환경 보호를 헌법에 명문화시킨 국가가 적었던 당시로서는 대단히 진취적인 규정이었다(독일:1994년).[39)] 이 헌법의 뒤를 이은 현행 헌법(1987. 10. 29.)은 제35조에서 환경권을 규정하고 있다.

인위적인 국경을 존중하지 않는 환경 오염의 고유한 특성으로 인해 국제관계에서는 새로운 규범의 필요성을 제기되었다. 이미 런던스모그(1952)와 LA스모그(1954), 레이첼카슨의 침묵의 봄(1963), 달착륙(1969), 뉴욕러브캐널사건(1980) 등 환경오염의 범위는 점차 다양해지고 있었다.

카산드라의 예언

트로이(Troy)의 마지막 공주인 카산드라(Cassandra)는 아폴론의 구애를 받아들이는 조건으로 예지력을 선물받는다. 그러나 변심한 카산드라를 못마땅하게 여긴 아폴론은 그녀의 설득력을 가져간다. 트로이목마를 성 안으로 들이면 곧 멸망할 것이라는 카산드라의 예언은 아무도 믿지 않았다.

우리나라 대법원은 헌법 제35조 1항에서 정하고 있는 환경권에 관한 규정만으로는 그 권리의 주체 · 대상 · 내용 · 행사방법 등이 구체적으로 정립되어 있다고 볼 수 없고, 환경정책법 제6조는 그 규정 내용 등에 비추어 국민에게 구체적인 권리를 부여한 것으로 볼 수 없으므로, 헌법상의 환경권 또는 환경정책기본법 제6조에 기하여 이해관계인에 해당하지 않는다면 원고적격이 없는 것으로 본다.[40] 즉, 헌법상 환경권을 제한적으로 해석하며, 개별법률에서 구체적인 권리로 규정되지 않는 한 환경권 침해를 이유로 손해배상을 주장하거나 행정소송을 제기할 수 없다는 입장이다.[41]

환경오염 문제는 과학기술의 발전 등에 즉응해야 하는 필요성,[42] 법관과 입법자가 법치국가의 기능적 발전을 위한 일정의 '공생체'로서 탄력적인 역할분담과 공조를 통하여 급변하는 사회현상에 적응하여야 하는 현실로 인하여 불가피하게도 사법적극주의를 반영해야 하는 상태이다.[43] 따라서 우리 법원은 환경권을 생명권 내지 헌법규정상 권리로 선언하여야 한다.

인간에게 유해한 오염물질이 배출되는 다양한 이유 중 하나는 상대적으로 취약한 법령과 지침에도 책임이 있다. 환경적 가치와 개발적 가치의 조화로운 동행을 위한 입법적, 행정적 전략에 있어서 법원은 중요한 역할을 수행하게 된다. 지금까지 국내의 환경 관련 소송에 있어서 우리 법원은 환경문제로 인한 피해가 예측 가능한 경우임에도 불구하고, 환경영향평가에 절차상 하자에 대하여 사법부가 심사하는 것을 자제할 필요가 있다는 점을 시사해 왔다. 그러나 법문이 다소 추상적인 경우에 이를 구체적으로 확정하는 것은 법의 흠결을 보충하기 위한 법형성 작용으로서 사법적극주의의 순기능에 해당한다. 환경문제와 같이 과학기술에 의존해야 하는 소송물에 대하여는 발전적으로 즉응해야하는 것이 필연적이다. 또한 환경문제는 그로 인한 피해가 심각하므로 이에 대한 사전주의적 접근은 이 문제가 '공익적'인 것으로서 구제 내지 시정을 위한 법치국가의 제도적·기능적 발전을 모색해야 하는 현실적인 문제에 해당한다. 그리고 환경 관련 소송으로부터의 사전예방적 관점에서 잠재적 오염자인 국가에 대한 개인의 사익보호성을 인정하여야 한다.

2) 환경문제에 적용되는 일반원칙

(1) 협력의 원칙

CASE STUDY

A국의 네모당은 대통령인 甲의 여당인 세모당이 마음에 들지 않았다. 세모당은 A국 내 수력발전소 건립을 위해서는 甲이 서명한 "A국과 B국 간 공유하는 국제하천의 이용에 대한 조약" 비준을 강력히 주장하였는데, 네모당은 수력발전소 건립이 당해 국제하천 생태계에 악영향을 미치게 된다며 이를 반대하였다. 세모당은 수력발전소 건립이야말로 원자력발전소를 대체할 수 있는 환경친화적인 정책이라고 주장하였으나, 네모당은 수력발전만으로는 기존 에너지 수요에 한참 미치지 못하므로 이를 반대한다고 밝혔다. 2년 후, 네모당

은 정권 교체에 성공하였다. 새로운 대통령인 乙은 B국과의 관계 정립을 위하여 甲이 서명한 조약의 비준을 국회에 요청하였으며 만장일치로 비준되었다. 그런데 이 국제하천의 상류국인 B국은 2년 전 조약의 내용과 다른 방식으로 하천 이용에 대한 개발계획을 발표하였다. 기존 조약은 A국과의 국경 인접지역에 A국과 공동으로 수력발전소를 건설하기로 하였는데 B국은 A국과 합의된 지점에서 2,000km나 떨어진 지점에 독자적으로 수력발전소를 건설하기로 한 것이다. A국의 대통령 乙은 B국에 항의하였으나 B국은 甲과의 약속이 2년 동안 지켜지지 않았으므로 B국이 임의로 위 조약의 종료를 선언하는 것이 가능하며 새로운 수력발전소 건설에 관한 국제하천 이용에 대한 개발계획은 B국의 국내문제이므로 A국이 관여할 사안이 아니라고 밝혔다. 위 사안에서 적용가능한 법 일반원칙과 B국 주장의 타당성에 대하여 서술하시오.

협력의 원칙에 있어서 '협력'의 내용은 ① 인접국과의 정보교환의무 ② 긴급사태시 통보의무 ③ 위험한 사업계획시 사전협의의무를 포함한다. ICJ의 Gabčíkovo-Nagymaros 댐 사건[44]에서는 헝가리가 생태적 긴급피난을 댐 공사 중단의 사유로 원용하였음에도 불구하고 인접국의 슬로바키아와의 협력의무를 강조하였다. Lanoux 호수 사건[45]에서는 상류국인 프랑스와 하류국인 스페인 간 신의성실에 기초하여 협의, 교섭 및 상대국의 이익을 고려해야 하는 점을 밝히고 있다. ITLOS의 MOX 제조공장 사건[46]에서도 협력의무를 명령하고 있다. 한편, 위 사안에서 B국은 A국에 조약의 종료를 통보하였으나 조약이 종료되기 위해서는 당해 조약문에 종료에 대한 내용이 규정되어 있거나 상대국이 이를 동의하여야 한다. 상대국의 동의에 있어서는 반드시 명시적일 필요는 없으며, 신조약의 체결로 조약을 종료시킬 수도 있다. 또한 조약의 중대한 위반사안이 발생하였거나 후발적 이행불능을 비롯한 사정변경에 관련한 내용을 조약의 종료 사유로 주장할 수 있는데, 양국 간에는 조약의 종료사유에 해당하는 문제가 없으므로 B국의 주장은 타당하지 않다. 그리고 B국이 주장하는 국내문제불간섭원칙은 무제한적인 것이 아니며, UN헌장 제2조 제4항에 의하여 주로 무력사용을 동반하는 간섭이 금지되는 것으로 해석된다. 따라서 B국의 주장은 타당하지 않으며 A국과의 조약 준수를 위한 협력의무가 준수되어야 한다.

(2) 초국경 환경 피해 금지의 원칙

Transboundary는 '월경(越境)', '초국경' 등으로 해석되어 지는데, 특별히 구분하지 않고 혼용되어 쓰여지고 있다.47) 우리나라가 가입하고 있는 Basel Convention on the Control of Transboundary Movements of Hazardous Wastes and Their Disposal은 공식적으로 "유해폐기물의 국가 간 이동 및 그 처리의 통제에 관한 바젤협약"이라고 하여 '국가 간'으로 해석하고 있기도 하다. trans라고 하는 접두사는 across, through, over 등의 넘는 또는 횡단하는 의미를 담고 있어 transboundary라는 단어는 사전적으로는 국경을 넘는, 횡단한다는 의미를 제공하는데, 본 용어가 우리나라에서 '월경'이라는 용어로 초기부터 사용된 것은 1979년 제네바에서 체결된 Convention on Long-range Transboundary Air Pollution(이하 'CLRTAP'라 함)을 일본이 번역한 "장거리월경대기오염조약"으로 차용한 것에서 유래한다.48)

그러나 '국가 간'이라는 용어의 정의는 일국의 관할권 내 활동이 공해(High seas)에 악영향을 미치는 경우 또는 공해나 공공물로부터 기인한 환경오염이 개별국가에 침해를 미치는 것에도 적용하는 것에는 한계가 있다. 즉, 일국에서 타국으로 횡단되어 온 환경오염만을 규율하는 것일 뿐, 일국의 관할권 이외의 지역에서의 환경오염 피해를 다루는 데에는 한계가 있는 것이다. 따라서 관할권 이외의 여하한 지역의 환경오염 피해를 다루기 위해서는 transboundary를 '국가 간'이라는 표현보다는

'초국경'이라는 표현을 사용하는 것이 바람직하다고 본다.[49]

미국과 캐나다 간 Trail－Smelter 사건[50]에서에서는 "어느 국가도 당해 사건이 중대한 결과를 초래하고 손해가 명백하고 확실한 증거에 의하여 입증되었을 때 타국의 영토 또는 그 영토상의 재산이나 인명에 대하여 연기에 의한 손해를 발생시키는 방법으로 자신의 영토를 사용하거나 이를 허가할 권리를 갖지 아니한다"라고 하면서, 국경을 넘은 환경오염에 대하여 오염원인국에게 책임을 귀속시키고 있다. 프랑스의 오스트레일리아 인근 공해상 핵실험에 대해서 다룬 Nuclear Tests 사건[51]에서 ICJ는 방사능 낙진으로 인한 개인의 회복할 수 없는 피해를 인정하여 잠정조치 명령을 통해 핵실험 중단을 요청하였다.

(3) 지속가능한 개발의 원칙

지속가능개발은 보통 정의되지 않은 채, 호환적으로 사용되며 각 용어의 의미는 개별법의 적용에 달려 있다.[52] 캐나다 퀘백(Quebec) 주 의회는 지속가능한 개발에 관한 법을 제정하면서 모든 사람이 생물 다양성이 보존되는 건강한 환경에서 살아야 함을 재확인함으로써 인권 헌장 및 사회적 권리에 동 원칙을 추가하였다.[53] 모든 국가의 환경 정책은 개발도상국 및 현재와 미래의 개발 잠재력을 향상시키고 부정적인 영향을 미치지 않아야하며, 모든 사람들을 위한 보다 나은 삶의 조건 달성을 방해해서는 안 되며, 국가와 국제기구는 적절한 조치를 취해야 한다. 지속가능한 개발의 원칙은 각 국의 국내정책 입안의 기준을 제시하고 있다.[54]

핵폐기물과 지속가능한 개발

원자력발전소를 운영하는 국가들이 핵폐기물을 처리하는데 있어서 선호하는 방법은 컨테이너에 보관하여 해저처분 시키는 것이 선호된다. 오랫동안 인간의 접촉을 피할 수 있으며 육상환경으로부터 격리시키는 조치에 해당한다.

대서양과 태평양의 약 30개 지점에 100만개 이상의 핵폐기물이 고의적으로 투기되었으며, 몇몇 유럽국가들과 함께 일본과 한국이 이에 관여하였다. 그러나 이러한 핵폐기물의 해저처분 결과는 해양이 전 글로벌 공통의 이해관계를 가진다는 이해아래 부적절한 방식이다. 이미 다수의 국제협약에서 이를 금지하고 있다.
적절한 저장이나 처리방법이 없는 상태에서 핵폐기물을 해양환경에 노출시키면 인간의 건강을 극도로 긴 시간 동안 위협할 수 있다. 불행하게도 이와 같은 핵폐기물의 해저처분에 관한 정책이 지속가능한 개발을 위협한다. 국제원자력기구(IAEA)를 비롯한 원자력 찬성론자들은 원자력은 탄소 배출을 줄임으로써 인류생존에 필수적인 지구온난화 완화에 도움이 될 수 있는 이상적인 형태의 지속가능한 에너지라고 주장한다. 반면 그린피스(Greenpeace) 등 환경단체는 원자력 운영비용이 경제성에 부합하지 않으며, 핵폐기물은 방사능 위험으로 허용할 수 없는 발전방식이라고 주장하면서 안전한 전력생산을 위한 대안이 충분히 마련되어 있다고 주장한다.

(4) 오염자부담원칙

오염자부담원칙이란 OECD에 의한 "오염자 지불 원칙"(Polluter Pays Principle)에서 유래한다. 다양한 해석을 통해 오늘날의 오염자부담원칙으로 통칭하고 있다. 오염자부담원칙의 목적은 환경오염이라는 외부불경제에 수반되는 사회적 비용을 내부화하기 위한 것이었는데, 그 원리로 오염자가 환경오염의 사전적 비용을 지불할 취지로 반영된 원칙이다.[55] 즉, 오염자부담원칙은 희소한 환경자원의 합리적 이용을 촉진하고 경제활동에 왜곡을 지양하기 위한 오염방지 및 규제조치에 따른 비용배분을 위해 이용되어야 할 것을 의미한다.[56]

법적으로는 정의를 구현하고, 경제적으로는 오염자가 자신의 활동에 대한 비용을 부담하게 함으로써 경제적 효율성을 높이고, 정책적으로는 환경과의 조화를 강조한다는 의미를 가지고 있다. 초기에는 법원칙이라기보다는 환경오염 및 그 방지의 비용을 분담하고 자원 배분을 극대화하기 위한 경제정책상의 원칙이었다.[57] 이는 생산과 소비과정에서 발생되는 오염 관련 비용을 시장가격에 포함시키는 역할을 의미한다.[58] 오염자부담원칙을 선호하는 경우 대부분에서는 거의 구호에 가까운 문맥과 기본 논리의 명확성이 고려되어 쉽게 승인을 얻게 된다.[59] 이 원칙은 경제논리에 부합하며, 국내에서의 환경세 분야에서 성공을 보장한다.[60]

그러나 기본적인 모호성이 오염자부담원칙에 내재되어 있다. 오염자부담원칙의 의문점을 정리하면, 네 가지로 요약할 수 있다. 즉, 오염의 정의는 무엇인가? 오염자(Polluter)들은 누구인가? 오염자들은 얼마를 지불해야 하는 것인가? 오염자 중 누가 지불해야 하는가? 하는 점이다. 현재까지 오염자부담원칙은 정책입안자들과 대중들에게 강력한 공감대를 형성하기에 충분할 수 있었으나, 근본적으로는 법적인 책임(Responsibility)에 근거하여 적용될 것이 요구된다. 오염자부담원칙의 오용(Misapplication)으로 인해 종종 오염자들은 그들의 재산 내지 자원을 정부 공무원이나 환경문제 전문가에게 지불하기도 한다.[61] 결과적으로 지불할 금액은 실제 피해의 정도에 따라 결정되면 충분할 것이다. 그러나 경우에 따라서는 피해의 규모나 대상의 유무를 고려하지 않고, 전형적인 세금의 형태로 징수될 수도 있는 것이다.

오염자부담원칙에 극단적으로 정책적인 우선 순위가 주어질 경우 경제적 동기만으로 환경 정책이 수행될 가능성이 있고, 또 경우에 따라서는 오염자부담원칙을 통해서 일국의 환경보호 의무가 해태될 수 있다. 즉, 오염자부담원칙을 집행하는 과정에서 구체적인 집행의 내용이 사업자의 구체적인 책임과 비교하여 과도하게 사업자에게 부담을 지우게 된다면 이로써 국가는 환경 보전 의무를 해태하고 국가의 책임을 사회에 전가하는 결과가 될 수 있다.[62] 이러한 의미에서 동 원칙은 국가가 그의 진정한 의무에 대한 고려보다는 일정한 조치를 취하고 있다는 것을 과시하는 기능으로 오용될 수 있다.

(5) 사전예방 및 사전주의원칙

EU(European Union)와 그 회원국들에서는 역사적으로 사전예방원칙과 사전주의원칙의 이론적 구분에 대한 애착이 현재까지 여전히 영향을 미치고 있다.[63] 사전예방원칙(Preventive principle)의 경우 과학적 증거가 있는 경우에만 발동되므로, 그러한 증거가 결여된 경우 이에 따른 어떠한 조치도 요구되지 않는데 반하여, 사전주의원칙(Precautionary principle)[64]의 경우는 중대한 환경피해가 발생하리라는 과학적 증거가 충분하지 않은 경우에도 필요한 조치가 허용되는 것으로 알려져 있다.

사전주의원칙과 사전예방원칙의 구별실익으로는 전자는 위험의 '가능성'까지 포함하는 '리스크(Risk)'를 규제하고 있는 반면, 사전예방원칙의 경우 '현존하는' 위험을 규제한다는 것이다. 리스크라는 용어 자체가 불확실성(Uncertain)을 기반으로 하기 때문에 이에 대한 끊임없는 환류과정이 요구된다. 리스크의 개념 및 범주가 다의적이며 다양성을 내포하고 있어서 비교적 명확성이 요구되는 법 체계 내에서 용인되는 것이 쉽지 않다.

실질적인 관점에서 두 개념이 엄격하게 분리하는 것은 거의 불가능하다. 리스크에 대비되는 '위험(Danger)'은 '알려진 위험'이라는 용어에도 불구하고 불확실성의 위험이 내재되어 있다. 또한 주어진 계산이 아무리 정확하게 실행되더라도 아직 존재하지 않거나 잘못 이해될 수 있는 환경오염에 따른 영향을 간과하거나 잘못 이해하고 있을 수도 있다. 이러한 의미에서 리스크의 대응조치는 '위험'만큼이나 '예방'적인 것으로 명명될 수 있다. 예를 들어, 우발적인 산업재해로 인한 환경오염의 문제에서는 과학적 불확실성의 중요도는 훨씬 감소하게 된다.

환경보호라는 두 원칙의 공통된 목적에도 불구하고 환경관련 규범에서는 서로 별개의 원칙으로 취급되어 왔으며, 완전하게 중복되는 의미를 갖는 것이라고 할 수도 없다. 그러나 과학적 불확실성을 이유로 두 원칙을 구별하는 것이 현실적으로 어렵다는 점을 고려할 때 주권국 입장에서는 사전예방원칙에 의존할 시기와 사전주의원칙에 의존할 때를 결정하는 것이 분명히 어려울 것이다. 또한 무엇이 더 상위의 법 일반원칙을 구성하는 지에 대한 불확실성이 있다. 주요 문서에서는 항상 두 원칙을 뚜렷하게 구별하지 않고 있다.

IV

국가와 개인

1. 국제사회와 법

1) UN

국제사회의 법의 발전은 국제분쟁의 역사와 함께한다. 신·구교 간의 전쟁을 종결짓는 최초의 근대식 조약으로 알려진 '베스트팔렌 조약(1648)'을 비롯하여, 아편전쟁의 결과물인 '난징조약(1842)'이 그러하다. 또한 양차 세계대전을 겪으면서 국제사회에 있어서 국제법의 효용성이 크게 증대되었는데, 주목할 점은 제1차 세계대전 이후 결성된 국제기구인 '국제연맹(1920)'과 제2차 세계대전 이후 결성된 '국제연합(1945)'이다. 국제연맹의 경우, 1918년 우드로 윌슨이 제창한 '민족자결주의'가 연맹결성의 시발점이 되었다. 국가들이 이에 자극 받아(3·1운동 등) 비교적 이해관계를 규합하는 데 용이하였다. 그러나 미국은 국제연맹 결성 후 고립주의를 표방하면서 연맹가입을 하지 않았다. 결국, 강대국들의 잇단 탈퇴로 국제연맹의 위상이 격하 되면서 제2차 세계대전을 막지 못했다. 이 점을 시정하기 위해 국제연합에서는 안전보장이사회에 5개국의 상임이사국을 두었다.

주권평등원칙[65]

국가는 자신이 동의하지 않는 규칙에 구속받지 아니하며, 분쟁절차에 강제로 복종하지 않는다. 또한, 타국의 국내문제에 간섭해서는 안되며, 정치적·경제적·사회적·문화적 체제를 자유롭게 선택하고 발전시켜 나갈 수 있는 권리를 가진다.

2) 관할권

(1) 영토주의

영토주의(The territorial principle)는 국가의 영토 내의 행위자에 대하여 국적에 상관없이 국가 관할권이 행사된다는 원칙으로 개인, 조직 혹은 행위가 그 국가의 영토에 얼마나 긴밀하게 연관되어 있는지가 관할권 행사의 적법성을 가름한다. 국제법은 국가가 ① 영토 내에서 벌어진 전체적 혹은 부분적인 행위 ② 영토 내에 있는 개인의 상태 혹은 사물에 대한 이익 ③ 영토 내부에 상당한 영향을 미치거나 영향을 줄 수 있는 영토 밖에서 벌어진 행위에 대하여 입법관할권 행사를 허용한다. 입법관할권이 일단 인정되어야 집행관할권도 허용될 수 있다. 네덜란드와 미국 사이에 분쟁이 된 "팔마스 섬 사건"(Island of Palmas Case)[66]에서 중재재판관이었던 후버(Max Huber)는 영토주권이야말로 국제관계에 관련된 모든 문제를 해결하는데 있어서 출발점이라고 하였다.

한 국가의 영토 내에서 발생한 범죄에 관하여는 영토관할권의 행사에 문제가 없다. 그러나 서로 다른 요소를 지닌 범죄가 서로 다른 국가에서 발생했을 때에는 문제가 발생한다.

예를 들어, 국경지대에서 영토 밖에서 발사한 총에 의해 자국민이 사살되었을 때 누가 관할권을 가지는가? 이와 같은 문제에 대해서 특히 영미의 보통법(Common law)계 국가들은 주관적·객관적 영토주의라는 확장된 영토주의에 의하여 접근을 하고 있다. '주관적 영토주의'란 범죄가 자국에서 시작되어 자국영역 밖에서 완성되었을 때, 동 범죄에 관하여 범죄가 시작된 영토국가가 관할권을 가질 수 있다는 원칙이고, '객관적 영토주의'란 이와는 반대로 자국영역 밖에서 시작된 범죄가 자국영역에서 완성되었을 때, 동 범죄에 대한 관할권을 범죄가 완성된 영토국가가 주장할 수 있다는 원칙이다. "로터스(Lotus)호 사건"[67]에서 터키가 프랑스선박과 터키선박의 충돌로 터키선박 내의 선원 8명이 사망했으므로 터키법이 프랑스선원에게 미친다고 해석하는 것에 대하여 프랑스는 강력히 항의했지만 PCIJ 터키의 관할권을 인정하였다. 영토주의 관할권의 확장으로 선박, 항공기, 해상구조물의 경우 당해 등록국가의 법이 적용되는데, 이를 기국주의라 한다. 기국주의 관할권은 무역관세를 회피하거나 해양투기를 선호하는 국가들의 편의치적 문제가 제기된다. 한편, 영토주의 관할권은 양자조약에 따라 제한이 가능하다. 한국과 미국이 체결한 주한미군지위협정(Status of Forces Agreement)이 대표적이다. 영토주의의 특례로 대통령의 불소추 특권, 외교사절 및 국회의원 면책특권이 다루어진다. 또한, 우리나라에서 북한 영토의 속지주의 적용에 관한 문제가 논의되는데, 대한민국헌법 제3조와 제4조의 상충되는 영토조항과 마찬가지로 북한에서의 영토주의 관할권의 북한 적용에 있어서 판례는 아래와 같이 상반되는 입장이다

인정사례 - 유죄

캐나다 국적을 가진 피고인이 북한의 지령을 받기 위하여 캐나다 토론토를 출발하여 일본과 중국을 순차 경유하여 평양에 들어간 행위는 제3국과 대한민국 영역 내에 걸쳐서 이루어진 것(대법원 전원합의체 판결 97도2021)

부정사례 - 무죄

독일 국적을 취득하여 대한민국 국적을 상실한 재독교포가 독일에서 출발하여 북한을 방문한 사안에서...(중략)...국가보안법상 탈출개념에 포함되지 아니한다(대법원 전원합의체 2004도4899).

(2) 속인주의

① 적극적 속인주의

국가가 개인이나 단체의 국적을 근거로 관할권을 행사하는 것을 허용한다. 예를 들면, 한국형법은 내국인의 국외범, 즉 한국인의 외국에서의 범죄에 적용된다. 인도 국적인이 뉴욕에서 살인을 저질렀다면, 분명히 뉴욕주법을 위반한 것이지만, 인도 형법은 인도 국적인이 세계어디에 있든지 인도의 형사법을 적용하기 때문에 인도의 법을 위반한 것이기도 하다. 미국의 해외부패방지법(Prohibited foreign trade practices by issuers)도 해외의 미국 시민에게 적용되고 모든 미국 국적 남자는 18세가 되면 그들이 세계 어디에서 살고 있든지 병역법에 따라 등록을 하여야 하며 미국 시민들의 모든 수입에 대해 그 시민의 소재지나 수입이 발생하는 장소에 상관없이 과세된다. 예를 들면, 영국에서 거주하며 급여를 받는 미국 시민이라면 미국(속인주의)과 영국(영토주의) 모두에서 세금을 내야 할 의무가 있다. 이와 같은 이중과세를 방지하기 위하여 소득이 창출되는 장소에서 세금을 징수하는 이중과세방지협약(Double taxation avoidance agreements)에 가입하는 것이 보통이다. 이와 같은 속인주의가 적용되는 범죄의 범인이 행위지 국가에서 처벌되지 않는 경우에는 범죄인 인도조약에 따라 국적국가로 송환되어 처벌될 수도 있다.

독일 형법 제7조 제2항은 행위지에서 범죄로 되지 않는 경우에는 불가벌을 규정하고, 일본 형법은 제3조에서 처벌대상이 되는 범죄의 종류를 열거하고 있다. 이에 반하여 우리 형법은 절대적 적극적 속인주의를 채택하면서 행위지 가벌성과는 별개로 처벌이 가능한 것으로 판단하고 있다. 다만, 우리나라 법률에서 처벌규정이 없는데 외국에서 행한 범죄 유사행위를 처벌 할 수 없다.

의료법 위반

의료법의 목적, 우리나라 보건복지부장관으로부터 면허를 받은 의료인에게만 의료행위 독점을 허용하는 입법 취지 및 관련 조항들의 내용 등을 종합하면, 의료법상 의료제도는 대한민국 영역 내에서 이루어지는 의료행위를 규율하기 위하여 체계화된 것으로 이해된다. 그렇다면 구 의료법 제87조 제1항 제2호, 제27조 제1항이 대한민국 영역 외에서 의료행위를 하려는 사람에게까지 보건복지부장관의 면허를 받을 의무를 부과하고 나아가 이를 위반한 자를 처벌하는 규정이라고 보기는 어렵다. 따라서 내국인이 대한민국 영역 외에서 의료행위를 하는 경우에는 구 의료법 제87조 제1항 제2호, 제27조 제1항의 구성요건 해당성이 없다(대법원 2020. 4. 29 선고 2019도19130 판결).

② 소극적 속인주의

가해자의 국적이나 범죄가 발생한 장소에 상관없이 피해자의 국적을 근거로 하여 관할권을 주장하는 원칙을 말한다. 소극적 속인주의는 자국민 보호에 초점이 맞추어져 있다. 외국에서 외국인이 자국민에 대하여 범죄를 행하였을 경우 그 외국인을 처벌할 수 있다. 국가가 추구하는 최대의 복지는 자국민의 복지에 달려 있으므로 국가는 자국민이 외국에 있을 때 자국민에 대하여 범죄를 행한 자를 처벌할 필요가 있다.[68] 최근 들어 다양한 형태의 테러리즘을 억제하기 위한 조약들이 소극적 속인주의 규정을 포함하고 있다. 또한 한국형법 제6조는 대한민국 국민에 대한 외국인 범인에 적용가능성을 열어두고 있고 1986년 미국의 '외교 안보 및 대테러법(Omnibus Diplomatic and Anti-terrorism Act)'

은 미국 민간인 보호를 위한 수동적 속인주의 규정을 포함하고 있다. US v. Yunis 사례의 쟁점은 공해에서 미국 요원들에 의한 레바논인의 체포와 그가 요르단 여객기 납치와 연관이 있다는 이유로 미국이 기소했다는 것이었다. 그런데 이 사건에서 미국과 여객기 납치와의 연관성은 그 여객기에 많은 미국인들이 탑승하고 있었다는 사실뿐이었다. 법원은 보편적 관할권(Universal jurisdiction principle)과 소극적 속인주의의 입장을 모두 받아들였다. 오늘날 소극적 속인주의에 대한 반대는 상당히 미미해졌다.

(3) 보호주의와 보편주의

보호주의 원칙(The protective principle)은 어느 국가의 영토 밖에서 이루어진 개인의 행위가 그 국가의 안전이나 다른 제한된 범위의 국가 이익에 반할 때 그 국가가 관할권을 행사할 수 있도록 허용하는 것이다. 보호주의 원칙은 개인의 이익보다 국가의 이익에 초점이 맞추어져 있다. 보호주의에 입각하여 국가 내 행위는 물론 외국인이 행한 국외 행위로서 간첩행위, 화폐위조, 공문서 위조를 처벌하는 법을 제정할 수 있다. 이 보호주의 원칙은 국가가 안보의 개념을 너무 넓게 정의할 여지가 있는 등 국가 이익의 개념이 분명하지 않고 또한 과도하게 남용될 가능성이 있어 다른 국가들의 반발을 불러올 수 있다. 조약에 채택된 보호주의 규정은 특정 위법 행위에 대처할 수 있는 다양한 법적 근거를 만들기 위한 것이다.

보편주의 원칙(The universality principle)이란 집단학살, 해적행위, 노예매매, 고문, 인권에 관한 범죄, 전쟁범죄와 같이 국제사회가 함께 분노할 국제공동체 전체를 위협하는 범죄인을 체포한 어떤 국가라도 통상적 관할권 원칙에 상관없이 관할권을 행사할 수 있는 원칙을 말한다. ILC는 1996년 '인류의 평화와 안전에 대한 범죄의 법전 초안(Draft Code of Crimes against the Peace and Security of Mankind)'을 도입하였다. 동 초안 제8조는 개인에 관한 관할권이 국제형사법원에 있다는 점을 명시하고 있고 침략(제16조), 집단학살(제17조), 인도에 반하는 죄(제18조), UN과 UN 관계자들에 대한 죄(제19조), 전쟁범죄(제20조)를 규정하고 있다. 그와 같은 범죄를 저지르지 않을 의무는 전체 국제사회에 대한 의무로서 단지 피해자나 피해자를 대표하는 국가에 국한 되지 않는 것이어서 그러한 의무를 위반한 경우 모든 국가들이 죄를 물을 수 있는 권리를 가지는 것이다. 예컨대, 이스라엘은 제2차 세계대전 중 유대인의 체포, 강제이주를 계획하고 지휘하여 다른 소수민족들의 제거도 시도한 건축가 아돌프 아이히만(Karl Adolf Eichmann)에 대한 관할권을 주장하였는데, 그 범죄가 훗날 이스라엘이 된 지역 내에서 범해진 것도 아니고 아이히만은 독일인으로 이스라엘인도 아니었으며 희생자들도 이스라엘인들은 아니었다. 이스라엘 법원은 보편적 관할권을 포함하여 다양한 여러 관할권을 주장하는 아이히만의 기소를 지지하였다.

로커비 사건

영국의 PanAm사 항공기를 탑승하고 런던에서 뉴욕으로 향하던 미국인을 포함한 다수의 승객이 리비아 테러리스트에 의하여 사망한 사건이다. 여러개의 관할권 원칙이 경합하였는데, 소극적 속인주의를 주장하는 미국이 UN에서 리비아 제재 결의안을 통과시키는 등 국제사회 법치주의 훼손이라는 비판이 있다.

3) 국제인도법

국제인도법과 유사한 사항을 기재한 것으로 국제인권법은 상호 보완적인 관계에 있다. 국제인도법과 국제인권법의 관계에 관한 학설로는 통합주의, 분리주의, 보완주의에 의해 분류된다. 통합주의는 두 법의 체계를 통합된 것으로 해석하는 반면, 분리주의는 두 법 체계는 별개이며, 통합주의는 국가 간 무력충돌 시 혼란을 야기할 수 있기 때문에 위험하다고 생각하는 입장이다.[69] 오늘날 다수설로 간주되는 것은 보완주의이며, 이는 양자는 별개이지만, 상호 보완하는 관계에 있다는 학설이다. 두 법은 다른 기원을 가지며, 각각 독립적으로 발전해 왔지만, 개인의 생명과 존엄의 보호라는 목적과 규정 범위를 공유하고 있다.[70] UN은 1960년대 후반부터 국제인권법이 전시에 계속 적용될 수 있다고 밝히고 있다. 미주인권위원회는 두 법이 이탈 불가능한 권리와 목적을 공유하고 있기 때문에 불가분의 연관이 있으며, 국제인권법이 평시뿐만 아니라 무력 분쟁 시에도 적용된다는 것을 밝혔다.[71] 또한 미주인권위원회는 국제인도법을 "특별법(*lex specialis*)"[72]이라고 표현하고 있으며, 이에 따라 국제인도법이 국제인권법에 우선 적용될 수 있게 되었다.

민간인 보호의 제한

민간인 보호 의무는 주로 다자조약의 형태로 실현되는데, 제네바법을 위시한 국제인도법에서는 이를 대하여 규정하면서 이를 위한 기본원칙을 제공하고 있다. 그러나 국제사회의 가치는 복수의 출처에서 기원하기 때문에, 때로는 양립할 수 없거나 상호 배타적일 수 있다. 전시 민간인 보호에 관한 국제법이 추구하는 목적과 병존하는 것이 불가능한 '군사적 필요성'이라는 가변적인 예외는 개인의 보호를 위한 국제법원칙과 배치된다.

4) 국가책임

국가책임에 있어서 피해국가는 가해국가를 상대로 ① 원상회복 ② 금전배상 ③ 진사(陳謝)를 요구할 수 있다. 이때, 가해국은 위법성조각사유에 원용할 수 있는데, ① 피해국의 동의 ② 정당방위(비례성 준수)

③ 대응조치(경제제재) ④ 긴급피난 ⑤ 불가항력이 대표적이다. 국가책임에 관한 국제문서는 오랜 시간동안 초안으로 남겨져 있지만, 오늘날 국가들은 이 초안문서를 국가책임 추궁의 근거로 제시하고 있으며, 이는 관습법을 구성한다. 즉, ILC의 국제위법행위에 관한 국가책임 초안 규정상 국가책임의 성립요건은 ① 국가귀속성 ② 국제위법행위 ③ 손해의 발생 ④ 과실책임주의를 규정하고 있다.

국가귀속성은 가해국의 직무상 행위이거나 위임받은 행위가 위법한 결과로 인하여 타국에 손해가 야기되었을때 당해 국가로 책임이 귀속되는 것을 의미한다. 또한, 가해국으로부터 명시적 위임을 받지 않았어도 이른바 '사실상 국가기관'의 행위로서 국가귀속성을 판단한다. 즉, 일정한 경우 사인의 행위가 국가책임을 발생시킨다. 국가는 사인의 행위를 방지하기 위하여 사전에 '상당한 주의'(Due diligence)를 다하지 않았다는 것과 그 의무위반으로 인한 침해에 대해 사후에 '국내적 구제'(Local remedies)를 취하지 않은 부작위로 인한 국가책임을 진다.[73] 단, 사인에 대한 상당한 주의 의무나 국내적 구제는 개별 국가의 능력과 상황에 따라 가변적인 것으로 상대적인 개념에 해당한다. 환경오염 규제를 위한 조약 및 관습법에 의해 부과된 오염방지를 위한 적절한 국내조치가 마련되지 않고, 그에 따라 사인이 오염행위를 방지하지 못한 경우 당해 오염행위는 그 국가에 귀속될 수 있으며 그 국가는 국제의무를 위반하는 것이 된다.[74] 예컨대, 원자력발전소의 운영주체가 사인에 해당한다 하더라도 초국경환경피해금지 원칙을 비롯한 법 일반원칙을 준수하지 아니하고 타국에 손해를 가한 경우에는 국가책임을 지게 된다. 또한, 국가의 '추인'의 경우에도 당해 행위가 국가로 귀속된다. 테헤란 인질 사건[75]에서 ICJ는 미국대사관을 침입하여, 외교관을 억류한 청년 시위대의 국제위법행위를 방조·묵인한 이란의 부작위에 의한 국가책임을 인정한 바 있다. 국가책임의 두 번째 성립요건인 국제위법행위의 발생은 국제의무를 위반한 사실에 대하여 국가책임을 부과하는 것을 의미한다. 알바니아 영해에서 독일군이 설치한 기뢰에 의해 폭침한 영국 군함과 관련된 Corfu Channel 사건[76]에서 ICJ는 자국 영해에 기뢰부설사실을 공표하지 않은 것에 대하여 알바니아의 배상책임을 확인하였다.

위험한 결과책임

'고도로 위험한 행위'는 막대한 손해를 발생시킬 개연성이 높은 활동에 있어서 국가책임을 부여해야 한다는 것을 내용으로 한다. 특히 국제법상 금지되지 않은 행위로부터 발생한 것으로 원인행위의 국제의무위반이라든가, 행위자의 고의 또는 과실의 존재를 묻지 않고 국가책임을 부여하는 것이다.[77] COSMOS 954 사건에서 구소련은 추락한 위성에 탑재되었던 방사능 물질로 인해 손해를 입은 캐나다에 대해서 손해배상에 합의하였다. 캐나다는 절대책임의 법리에 따른 손해배상을 주장하였으나, 직접적인 언급이 이루어지지는 못하였다. 영국과 미국 간 Torrey Canyon 사건에서도 미국이 영국 영해 인근을 오염시킨 것에 대한 절대책임이 논의되었다. 위험한 결과책임은 주로 방사능 오염이나 유류오염 분야에서 발전하였다.

5) 사례

CASE STUDY

스웨덴인 Glatan 백작은 UN을 대표해서 이스라엘과 팔레스타인 분쟁을 중재하기 위하여 예루살렘에 파견되었으나 테러범에 의하여 피살되었다. 그의 죽음과 관련하여 UN은 이스라엘에 테러범 처벌과 배상청구를 요구할 수 있는가?

테러범죄는 강행규범을 위반한 보편적 관할권 적용 범죄에 해당하지만, UN은 국제기구로서 제한적 법인격을 갖게 되므로 법적의 의미의 개인에 대한 처벌을 요청하는 것은 불가하다. 다만, 피해국인 스웨덴을 포함한 국제사회 모든 국가들은 테러범죄에 대하여 자국의 재판정에게 심리·판결할 수 있다. UN의 제한적 법인격이라 함은 당해 국제기구의 설립목적 범위 내에서 조약을 체결하거나 소송을 수행하는 것을 의미한다. Glatan 백작은 UN의 평화유지임무 수행의 일환으로 예루살렘을 방문하였으며, 그 목적은 UN의 설립 목적과 동일한 맥락이므로 UN은 이스라엘에 손해배상청구를 주장할 수 있다. 실제 사례에서 ICJ는 스웨덴의 외교적 보호권과 UN의 기능적 보호권이 충돌할 수 있는 문제에 대해서 이를 해결하기 위한 가장 바람직한 방법은 당해 국가 및 국제기구가 조약이나 협정에 의해서 개별적으로 문제를 해결하는 것이라고 하였다. 그러나 이 의견에 대하여 당시 사회주의 국가들은 자국민에 대한 국가의 권위를 훼손할 수 있는 위험한 의견이라고 반발하기도 하였다.[78]

CASE STUDY

A국은 UN을 중심으로 국제인권 문제에 대한 보편적 가치실현 움직임이 확산되자 이에 반대하는 국내정책을 시행하였다. 국제인권단체는 HRA는 A국의 인권정책에 반대하여 A국 내에서의 피의자 고문 첩보를 입수하고 A국과 휴전상태인 B국 국적의 피의자甲을 고문한 사법경찰관 乙을 처벌해야 한다고 주장하였다. 乙은 국내외 비난여론을 피해서 C국으로 도주하였다. C국이 乙의 범죄인도요청을 거부하자 B국의 자경단원인 丙과 丁은 C국 몰래 乙을 납치하였다. C국은 B국 정부에 강제납치한 乙을 송환하여 줄 것을 요청하였으나, B국이 도리어 乙을 고문범죄로 형사재판을 진행하여 징역형을 부과하였다.

1. B국은 乙을 강제납치한 丙과 丁은 공무원이거나 국가로부터 강제납치를 위임받은 바가 없기 때문에 국가책임 성립을 부정하는데, 이는 타당한가?
2. B국은 설령 국가책임이 있다 하더라도 乙이 甲을 고문한 것에 대한 대응조치임을 주장하였다. 이는 정당한지에 대하여 논하시오.

사인의 행위라 하더라도 국가가 상당한 주의의무를 결여하였거나 '추인'이 있는 경우에 당해 행위는 국가로 귀속된다. 대응조치(Countermeasure)

는 무력사용을 금지하며, 인권침해에 대하여 타국의 국내문제 불간섭원칙에도 불구하고 이를 국제사회에서 다루는 것이 가능하다. 미국과 구소련 간 쿠바 미사일 사태에서 미국의 해상봉쇄조치는 무력을 사용하지 않은 적법한 대응조치로 볼 수 있다. 사안에서 B국은 자국민의 고문행위에 대하여 국제인권협약상 금지되는 고문, 강제납치, 구금(징역형)의 대응조치를 취한 바, 적법하지 않은 대응조치에 해당한다.

CASE STUDY

甲국의 대통령이었던 T는 인종차별정책에 반발한 국민들의 저항을 피해서 인접국인 乙국으로 망명하였다. 그리고 한달 후, 甲국 주재 乙영사관 앞에서 T의 인도를 요구하던 시위대는 乙영사관을 점거한 후 근무중이던 직원들을 인질로 억류하였다. 乙국 정부는 甲국에 영사관 점거를 그만둘 것과 직원들을 풀어주기 위한 조치를 요구하였으나 甲국은 아무런 반응도 보이지 않았다. 이후 보궐선거에서 甲국의 대통령으로 당선된 B는 乙국이 T를 인도하면 영사관 점거 사건에 대하여 개입하겠다는 성명서를 발표하였다.
이러한 상황에서 甲국과 乙국이 체결하였던 영사협정에 근거하여 양국은 국제사법재판소에서 재판을 받게 되었다. 재판 진행 중 乙국은 자국 영사관의 직원들을 구출하기 위하여 헬기를 동원한 구출작전을 시도하였으나 실패하였다. 이에 대하여 甲국은 영토주권을 침해하는 행위라고 강력히 항의하였다.

1. 이 사건에서 乙국은 甲국에 대하여 국가책임을 지는가?
2. 국가책임의 해제 방법에는 어떤 것이 있고 이 사건에 적용될 수 있는 방법은 무엇인가?
3. 乙국의 인질구출작전은 대응조치로 정당화될 수 있는가?

시위대가 국가로부터 위임을 받았거나, 위임을 받지 않았다 하더라도 당해 국가는 손해예방에 대한 상당한 주의의무를 결여하였으며, 이 사건 성명서 발표로 보아 '추인'이 있는 경우에 해당하므로 국가책임을 진다. 국가책임은 일국의 국제의무위반에 대한 손해배상책임을 의미한다. 국가책임에 관한 초안 규정에서는 손해배상의 유형으로는 원상회복, 금전배상, 만족의 방법으로 규정하고 있다. 대응조치의 성립요건으로는 당해행위가 ① 국제의무를 위반하였을 때, ② 국가책임을 추궁할 목적으로, ③ 비례성을 준수하여야 하며, 만일 ④ 계쟁 중인 사건에 경우에는 대응조치를 정지하여야 한다. 사안에서 乙국의 대응조치가 甲국에 대한 무력사용을 구성하는지는 별론으로 하더라도 국제사법재판소에서 재판 중인 사건에 해당하므로 정당한 대응조치에 해당하지 아니한다.

CASE STUDY

甲국은 20세기 초반 국제전쟁을 치르면서 주변국인 乙국, 丙국, 丁국과 식민지 조약을 체결하고 해당 국가의 국민들을 전쟁에 동원시켰다. 이 중 乙국 국민들은 甲국의 A군수품 공장에 강제징용되어 제대로 된 임금을 받지 못하고 수십 년간 인권침해를 당했다. 이후 전쟁에서 패전한 甲국은 전쟁배상금 문제를 해결하기 위해서 乙국과 청구권협정을 체결하였는바, 그 내용은 乙국이 甲국에 대하여 가지는 손해배상청구권을 영구히 포기한다는 것이 포함되어 있었다. 2020년 12월 乙국 대법원은 A를 상대로 불법행위로 인한 손해배상청구를 인정하였다.

1. 甲국이 식민국가와 체결한 조약의 유효성과 甲국 지휘관의 형사책임에 대해서 논하시오.
2. 甲국과 乙국이 체결한 청구권협정은 乙국 국민에게도 효력이 인정되는지에 대하여 서술하시오.
3. 乙국 대법원이 약 70년 후에 A에게 손해배상책임을 인정한 판결은 타당한가?

국가대표에 대한 강박, 국가에 대한 강박, 강행규범 위반의 경우 조약의 무효사유에 해당하며, 조약체결권에 관한 국내법 위반이나 권한남용, 착오·사기·부패에 의하여 체결한 조약은 상대적 무효사유에 해당한다. 무력을 사용하여 타국에 대한 침략전쟁을 구성하는 행위는 강행규범 위반에 해당한다. 한편, 甲국의 지휘관은 국제관습법상 인도주의 원칙을 위반한 것에 대한 형사책임을 진다. 甲국이 乙국과 체결한 조약은 국제법인격을 갖춘 국가 간 조약에 해당하므로 乙국이 자국의 국민을 대신하여 甲국에 대하여 주장하는 외교적보호권의 청구는 별론으로 하더라도 乙국 국민이 甲국에 대하여 가지는 개인청구권을 부정하는 것으로 볼 수 없다. 또한, 乙국 국민이 가지는 위자료청구권까지 위 조약상 영구히 포기된 것으로 볼 수 없다. 乙국 국민은 소 제기 당시까지 乙국에서 권리를 사실상 행사할 수 없는 객관적 장애사유가 있었으므로 소멸시효가 완성된 것으로 볼 수 없다.

CASE STUDY

서해안에서 어로활동을 해서 생계를 이어가고 있는 영진이는 물고기가 잘 잡히지 않아서 괴롭다. 어망에는 물고기 대신 플라스틱이나 스티로폼 같은 해양쓰레기가 잔뜩 걸려 있었다. 영진이는 왜 정부가 주변국가를 상대로 해양오염방지조치를 취할 것을 요구하지 않는지 의문이다. 영진이 국적국가의 정부가 주변국가를 상대로 오염방지조치 내지 손해배상청구를 요구하는 것이 가능할까?

국제공동체가 그동안 해양오염에 대한 국가책임의 문제를 제기하는 데 많은 관심을 보였음에도 불구하고 이에 전통적인 국가책임이론을 적용하여 환경피해를 구제하는 사법적 판단을 운영할 수 있는 통일된 제도는 확립되어 있지 못하다. 그 이유 중 하나는 해양오염문제는 전통적인 법적인 접근방법으로는 해결하기 어려운 측면이 강하여 각 국이 환경문제에 대하여 법적 해결방법을 기피하기 때문이다. 그러나 해양은 육지영토의 경계획정과 같이 편의적으로 구분될 수 있는 것이 아니며, 해양생태학상 분리될 수 없는 단일한 체계로 구성되어 있기 때문에 일국에서 발생한 해양오염은 타국의 해양에 중대한 피해를 발생시킬 수 있다.

원칙적으로 오염피해가 발생한 경우 자국이 입은 피해에 대한 오염원과의 인과관계(Causal link)의 입증책임은 국가책임을 주장하는 피해국에게 주어져 있다. 그런데 국가책임과 관련해서 인과관계의 입증은 오염원과 피해 발생지 사이는 상당한 거리가 있어 오염행위를 규명할 수 있다고 하더라도 피해와의 인과관계를 명쾌하게 확립하기 어렵고, 오염물질의 해로운 영향은 오염행위 시점으로부터 오랜 기간 동안 나타나지 않는다. 예컨대, 1986년 체르노빌 원전 유출사고로 인한 방사능물질은 아직까지도 직·간접적으로 암 유발 등 인간의 건강과 환경에 영향을 미치고 있다. 특히 방사능으로 인한 해양오염의 경우에는 위해의 지속성이 다른 어떤 유형의 오염보다 장기간에 걸쳐 이루어지며, 생물체 내의 축적과 이러한 생물을 인간이 섭취함으로써 세대에 걸쳐 유전적 변이를 야기할 수 있으므로 인과관계의 증명은 문제 해결을 어렵게 하는 본질적인 요인 중에 하나이다.[79] 손해의 증명은 배상에 있어서 결정적인 역할은 한다. 그러나 해양오염 피해는 양적으로는 먼 곳까지 많은 사람들에게 미칠 뿐만 아니라, 질적으로는 장기간에 걸쳐 피해자 자신도 모르는 사이에 누적되어 인간의 건강과 재산에 피해를 가져오는 경우가 많기 때문에 쉽게 부지불식간 환경오염에 노출되기도 한다. 따라서 이러한 부분을 입증하기 위해서는 전문적인 지식이 필요하고, 많은 시간과 비용이 든다.

입증책임 완화와 관련하여 국내에서는 당해 행위가 없었더라면 결과가 발생하지 않았으리라는 상당한 정도의 개연성만 있으며 족하다는 개연성설, 일정한 전제조건 하에서 가해자의 위험영역에서 발생한 손해에 관하여는 그 위험요소를 지배하는 가해자가 그 손해가 가해자의 행위로 인하여 발생하지 아니하였음을 증명하여야 한다는 위험영역설이 있다.[80] 또한, 막연하게 피해자의 입증의 부담을 경감하는 것이 아니라 일정한 경우에 가해자에게 간접반증의 책임을 과하는 견해로 신개연성설과 임상의학이나 병리학의 입장에서 그 원인 또는 발병의 메커니즘이 밝혀지지 않는 경우에 집단적으로 발병한 질병 내지 건강피해와 원인물질 사이의 인과관계를 추정하는 것과 같은 방법으로 여러 가지 간접사실을 정리, 분석하여 그로부터 일정한 법칙에 따라 인과관계를 추정하는 역학적 인과관계설이 있다. 국내적으로는 개연성설에 의한 다수의 판례가 축적되고 있으나, 국제재판에서는 아직 이와 관련한 사례는 없다. 즉, 대부분의 경우에 있어서 국제법정은 문제의 위법행위와 직접적으로 인과관계를 가지는 손해인 '직접손해'에 대해서만 배상책임을 인정하고 있기 때문에 실제로 입증책임의 완화는 현행 국제법체계에서 통용되기가 어렵다. 해양오염과 그에 따른 손해의 발생이 피해국의 행위에 기인하는 경우에는 입증책임의 전환이 국제문서에서 다루어져야 한다.

2. 국가의 성립요건

1) 영토 · 주민 · 주권

최초의 근대식 조약으로 알려진 베스트팔렌조약(Peace of Westfalen)은 국가 간 경계를 수립하고 평화유지의무를 확인하는데 기여하였다. 현대적 의미의 국가의 성립요건은 영토 · 주민 · 주권 · 법인격으로 대별할 수 있다. 예외적으로 영토가 없는 경우에도 국가에 준하여 취급되는 경우에 있으며 망명정부, 민족해방단체가 대표적이다. 이들은 강화조약이나 민간인 손해배상에 있어서 법인격을 인정한다.

영토취득에 있어서 무력사용은 금지된다. 무력사용이란 구체적으로 유형력을 행사하는 것 뿐만 아니라, 무형적인 경우도 포함한다. 예컨대, 러시아의 크림반도 병합 과정에서 우크라이나 국민들은 러시아군이 투표장 인근에서 주둔한 상태에서 투표를 실시하였는데 이 경우가 무력사용에 해당한다. ICJ의 니카라과 사건[81]에서는 친미군을 훈련시키고 무기를 제공한 사실에 대해서 무력사용에 해당한다고 판단하였으며, 알라바마호 중재 사건[82]에서도 영국이 군함을 건조하여 남군에 건네준 행위는 금지하는 무력에 해당한다고 판시하였다.

영토는 영해와 영공을 포함하며, 영공의 수직적 한계는 대기권 이내로 제한하다. 영토를 취득하는 권원의 객관적 요건으로는 실효적 지배가 우세하게 지지 받고 있다. 실효적 지배란 당해 정부가 영토를 실질적으로 관리하였다는 것을 의미하는데, 구체적으로 입법·사법·행정의 권한행사가 이에 해당한다. 주관적 요건으로는 국기나 표지를 이용하여 영토를 표시할 수 있다. 한편, 무주지의 영토는 선점을 통해서 취득할 수 있는데, 오늘날 무주지가 발견될 가능성은 없다. 미국이 알래스카와 루이지애나 주를 양도에 의해서 취득한 바 있으며, 시효에 의한 영토취득이 가능한지 여부에 대해서는 학설대립이 있다. 즉, 국내법에서는 20년간 평온·공연하게 점유한 때에 한하여 시효취득을 인정하지만, 국가의 영토취득에 관한 국제법에서는 이에 대한 명확한 판례가 없으며, 학자들 간 이견이 있다. 국내법처럼 20년의 시효취득을 인정하면 국제사회 불안을 야기하기 때문에 이를 부정하는 것이 바람직하다고 본다. 한편, 당해 영토에 거주하는 자가 영토관할국의 국민으로만 구성될 필요는 없으며, 상주인구만으로도 국가 성립에는 지장이 없다. 이때, 상주인구가 대외적자결권 행사의 일환으로 국적을 표현할 수 있으며 과거에는 우리나라의 3·1운동이 대표적인 사례이고 최근에는 독립을 주장하는 국가들의 주민투표가 실시되고 있다.

2) 법인격

법인격은 조약체결능력 및 소송수행능력을 의미한다. 조약은 당사국 간 법적 의무감이 있는 문서로 이루어진다. 정부 대표는 직접 또는 전권위임대표를 임명하여 교섭과 서명 및 비준의 절차를 거쳐서 조약을 체결한다. 소송수행능력은 주로 국제소송에 관한 것으로 소송결과에 불복 시 이행강제가 가능한 국제사법재판소(International Court of Justice; ICJ)가 가장 많은 판례를 축적하고 있다. 그런데 ICJ에서 소송을 하기 위해서는 당사국 간 합의(임의관할권)가 있어야 한다. ICJ규정은 강제관할권은 언급하고 있으나, 이는 당사국들이 조약에 가입할 때 배제하고 가입하는 것이 가능하며 2020년 12월 현재 60개국만이 강제관할권을 수락하였다. 예외적으로 확대관할권을 인정하는 경우도 있다. 예컨대 A국이 강제관할권 수락국이고 B국이 비수락국인 경우에는 임의관할권을 협의하여야 하지만, A국의 일방적 제소에 B국이 법정에 출석한 경우를 확대관할권이라 한다.

국가가 아닌, 국제기구는 소송에 있어서 구속력이 결여된 권고적 의견만을 구할 수 있으며 개인의 경우에는 국적국의 외교적보호권[83](노테봄 사건) 행사가 아닌 이상 국가를 상대로 소송을 할 수 없다. 다만, 개인이 자신의 인권을 침해당하였을 때, 헌법재판을 비롯한 국내구제절차로 인권보장을 받지 못하였다면 유엔인권위원회에 개인통보를 제출하는 것이 가능하다. 개인통보는 이와 관련한 조약을 비준한 국가의 국민들이 할 수 있으며 그 결과는 구속력이 없다.

3. 행정법 관계에 적용되는 일반원칙

1) 행정주체와 행정청

행정법 관계에서 행정권을 행사하고 그 행위의 법적 효과가 궁극적으로 귀속되는 당사자를 행정주체라 하고, 행정주체가 의사결정을 하고 그에 따라 행동하기 위해 필요한 조직을 행정청이라 하는데, 행정청은 행정처분을 통해서 개인의 권리를 제한하거나 창설하기도 하며, 의무를 부과하거나 면제하기도 한다. 이때, 개인의 권리를 제한하고 의무를 부과함에 있어서는 반드시 법률에 근거하여야 한다. 이러한 법률에는 국회에서 제정한 법률 외에도 대통령령·총리령·부령 및 고시와 같은 법규명령도 이에 해당한다. 법규명령은 일반적으로 법률종속명령을 의미하며 비상명령 및 법률대위명령도 법규명령에 포함된다. 법규명령도 개인의 청원권 내지 헌법재판을 통해서 타자통제가 가능하다. 법원은 법규명령의 타자통제에 있어서 개인의 권리·의무와 관련한 일반적·추상적 규범은 재판하지 아니하며, 개별적·구체적 행정처분을 그 대상으로 한다.

육군사관학교 퇴학 처분 취소 사건

육군사관학교 생도 甲이 주말 외박 시 원룸에서 여자친구와 수차례 성관계를 하여 품위유지의무를 위반하였다는 등의 이유로 육군사관학교장이 甲에게 퇴학처분을 한 사안에서, 甲의 경우 결혼을 전제로 교제하는 사이인 점, 쌍방의 동의 하에 영외에서 동침하고 성관계를 한 점 등을 고려할 때, 甲의 동침 및 성관계는 개인의 내밀한 자유 영역에 속할 뿐 성 군기를 문란하게 하거나 사회의 건전한 풍속을 해친다고 보기 어려워 징계사유에 해당하지 않고, 선과 악의 범주에 관한 진지한 윤리적 결정을 위한 고민 끝에 어쩔 수 없이 양심보고를 할 경우 내면적으로 구축된 인간양심이 왜곡·굴절되므로 양심의 자유를 침해하는 점 등을 고려할 때 ...(중략)... 생도생활을 성실히 한 점, 졸업 및 임관이 얼마 남지 않은 점 등을 고려할 때 위 퇴학처분은 사회통념상 현저하게 타당성을 잃어 징계재량권을 일탈·남용하여 위법하다고 한 사례 (서울행정법원 2013구합2426 판결)

2) 행정행위

행정행위는 행정청이 법에 근거하여 구체적 사실에 대한 법집행으로서 행하는 권력적 단독행위로서 공법 행위에 해당한다.[84] 행정행위는 공정력으로 인하여 그 행위에 하자가 있더라도 당연무효가 아닌 한 권한 있는 기관에 의해 취소될 때까지는 잠정적으로 유효하다. 이때, 행정쟁송을 통해 하자 있는 행정행위의 취소를 구할 수 있는데, 위법사유에 관한 주장·입증책임은 원칙적으로 이를 주장하는 원고에게 있다.

자동차운송사업면허 취소처분 취소

개인택시 운송사업면허자의 면허를 박탈함으로써 개인택시 운송사업의 질서를 확립하여야 할 공익상의 필요가 위 개인택시 운송사업자가 입게 될 불이익에 비하여 결코 가볍다고 보이지 아니하므로 당해 운송사업면허취소처분이 재량권의 범위를 일탈한 것으로는 볼 수 없다.[85]

행정청의 행위라 하더라도 개인의 행위와 달리 취급할 이유가 없는 행위들이 있다. 국가 사무에 필요한 책상을 구입한다든지, 건물을 짓기 위해 공사계약을 체결한다든지 하는 행위 등은 일반 개인의 행위와 마찬가지로 취급되며, 그와 관련된 소송도 민사소송에 의한다.

3) 행정쟁송

재산전보제도	행정상 손해배상	행정청 공무원의 직무상 고의·과실로 국민의 권리가 침해당한 경우 그 손해에 대해 국가 또는 공공단체가 손해를 배상하는 것으로, 도로 하천 기타 영조물의 설치 또는 관리의 하자로 인하여 손해가 발생한 경우에도 국가 또는 지방자치단체는 배상하는 제도
	행정상 손실보상	행정청의 적법한 행정행위로 인하여 국민에 가해진 경제적 손실(공용사용, 수용, 제한)에 대하여 국가 또는 공공단체가 행하는 그 손실의 전보하는 제도
쟁송제도	행정심판	행정청의 위법한 처분, 그 밖의 공권력의 행사 및 불행사 등으로 인한 국민의 권리 또는 이익의 침해구제 제도(임의적행정심판전치주의)
	행정소송	

행정쟁송은 당해 행정행위가 위법 및 부당한 경우에 권리구제를 요청하는 것으로 행정소송(항고소송)은 위법한 행정행위를, 행정심판은 위법·부당한 행정행위를 그 대상으로 한다. 행정심판은 취소심판·무효등확인심판·의무이행심판으로 구분되며 구체적으로는 면허나 사업장의 정지 또는 취소, 제3자의 건축허가 무효, 도로지정공고 등으로 각 심판절차에 의해서 권리구제를 요청할 수 있다. 권리침해 당사자 입장에서는 행정심판이 보다 신속·간이·경제적이므로 행정심판이 선호된다.

커피전문점 원산지 표기 관련 사건

커피의 생두는 로스팅 공정을 거치는 바, 로스팅 공정은 생두에 맛과 향을 가미하여 실질적 변형을 가함으로써 볶은 커피 고유의 특성을 부여하는 최종적인 활동이라고 판단되는 점과 수입 물품의 생산·제조·가공 과정에 둘 이상의 국가가 관련된 경우에는 단순한 가공활동을 하는 국가가 아니라 최종적으로 실질적 변형을 가하여 그 물품에 본질적 특성을 부여하는 활동을 한 국가를 그 물품의 원산지로 하도록 하여야 하는데, 이 경우 원산지 판정에 있어 세심한 재량권의 행사가 요구된다...(중략)...청구인에게 지나치게 가혹한 것으로서 부당하다고 할 것이다.[86]

행정소송은 행정처분에 불복하는 항고소송 및 공법상 법률관계에 관한 당사자 소송, 민중소송(선거소송 등), 행정기관 간 권한의 존부 여부 등을 다투는 기관소송으로 대별된다. 행정소송은 권리침해 당사자만이 원고적격이 있으며, 법에 의해서 보호되는 구체적·직접적 이익에 해당하는 법률상 이익만을 구제 대상으로 한다.

4) 일반원칙

(1) 비례의 원칙

행정행위의 수행에 있어서는 행정목적과 이를 실현하는 수단 사이에는 합리적인 비례관계가 유지되어야 한다는 것을 의미한다. 비례의 원칙은 독일에서 경찰권발동의 한계[87]를 설정하기 위하여 발전된 법원칙으로 오늘날 우리 헌법 제37조 제2항에 근거를 두고 있다. 비례의 원칙은 행정목적과 실현수단 간 합리적인 비례관계를 의미한다. 그 요건으로는 행정목적을 달성하는데 적합한지를 판단하는 적합성의 원칙, 필요한 한도 이상으로 행정처분을 하여서는 안된다는 필요성의 원칙(최소침해의 원칙), 공익과 사익을 비교형량하여 결과를 도출해 내는 상당성의 원칙으로 구성되어 있다.

CASE STUDY

영진이는 택배기사 아르바이트를 마치고 친구들이 있는 술집에 갔다. 주차할 곳이 마땅치 않아서 술집 주차장에 병렬주차를 해 놓았는데, 이동주차를 요청하는 연락을 받고 술을 마신 상태에서 100m 가량 운전하다가 음주운전 단속에 발각되었다. 음주측정을 거부한 영진이는 운전면허가 취소되었다.

① 적합성의 원칙

행정목적을 실현하기 위하여 사용되는 수단은 행정목적을 달성하기에 적합하여야 함을 의미한다. 따라서 사실상 또는 법상 불가능한 것을 내용으로 하는 수단은 부적합한 것이 되며, 또한 목적이 없거나 목적에 반하는 처분도 적합성의 원칙에 반하게 된다.

② 필요성의 원칙

최소침해의 원칙이라고도 한다. 설정된 목적을 달성하기 위한 행정조치는 필요한 한도 이상으로 행하여져서는 안된다는 것을 의미한다. 즉, 동일한 목적을 실현시킬 수 있는 적합한 수단이 여러 가지가 있는 경우에 행정의 상대방에게 가장 적은 침해를 주는 수단을 선택하여야 함을 의미한다.

③ 상당성의 원칙

최소로 침해를 주는 수단을 선택하는 경우에도 행정목적에 의하여 추구되는 이익이 행정의 상대방이 받는 손해보다 커야 함을 의미한다. 구체적인 경우에 행정조치를 취하지 않을 경우에 침해될 공익과 취할 경우에 침해되는 상대방의 이익을 비교형량한다.

위 사안에서 음주운전 단속의 거부로 운전면허를 취소하는 것은 위험방지에 기인한 행정목적이므로 적합한 행정처분에 해당한다. 또한, 음주운전에 대한 행정처분은 혈중 알코올 농도에 따라 수위를 차등적으로 정하고 있으므로 위 운전면허 취소가 필요성의 원칙에 위반한다고 할 수 없다. 마지막으로 상당성의 원칙에서 음주측정 거부자에 대한 운전면허 취소로 얻게 되는 공익과 택배기사의 운전면허를 취소시킴으로써 침해되는 사익에 대하여 비교형량하여 공익이 중요할 때에는 정당한 행정처분에 해당하고 사익이 더 중요시될 때에는 부당한 행정처분에 해당한다 할 것이다.

음주측정불응죄로 면허취소가 된 사례

음주운전으로 인한 교통사고를 방지할 공익상의 필요는 매우 크다고 할 수 있으므로 음주운전 내지 그 제재를 위한 음주측정 요구의 거부 등을 이유로 한 자동차운전면허의 취소에 있어서는 ...(중략)... 그 취소로 인하여 입게 될 당사자의 개인적인 불이익보다는 이를 방지하여야 하는 일반예방적인 측면이 더욱 강조되어야 할 것이고, 특히 당해 운전자가 영업용 택시를 운전하는 등 자동차 운전을 업으로 삼고 있는 자인 경우에는 더욱 그러하다(대법원 1995. 9.26. 95누6069).

(2) 자기구속의 원칙

A와 B의 동종의 법률 위반 사안에 대하여 행정청은 A와 B 내지 제3자에게 동종의 침익적 행정처분을 부과하여야 한다는 원리를 의미한다. 예컨대, 편의점을 운영하는 A가 청소년에게 주류를 판매하여 2개월의 영업정지 처분을 받은 경우 A의 편의점과 유사한 B편의점이 청소년에게 주류를 판매하였을 때도 2개월의 영업정지를 하여야 한다. 자기구속의 원칙은 평등의 원칙의 일환으로 받아들여지기도 한다.

CASE STUDY

A행정청은 법위반 행위에 대한 제재처분기준과 관련하여 '제재금산정방법 및 부과기준'을 부령으로 작성하여 이를 관보 및 인터넷 상에 공표하였다. 그 후에 당해 행정청은 위 기준에 의거하거 B에게 500만원의 제재금을 부과하였다. 그런데 당해 행정청은 동일하게 법위반을 한 C에 대해서는 위 제재금산정 기준에도 불구하고 근거법률에서 정한 범위에서 800만원의 제재금을 부과하였다. 이러 사정을 알게 된 C는 자신에 대한 제재금 부과처분의 위법성을 주장할 수 있는가?

사안에서 제재금 부과의 근거가 되는 수권규정은 보통 재량규범으로 규정되어 있으므로 제재금 부과처분은 재량행위에 해당하며, C는 B와 동일한 법위반을 하였다는 점에서 동종사안이고, 동일한 행정청이 기존에 A에 대해 '제재금산정방법 및 부과기준'에 근거해 500만원의 제재금을 부과하였다는 선례가 존재한다. 그럼에도 A행정청이 C에 대해 800만원의 제재금을 부과한 것은 행정에 자기구속원칙에 반하여 재량권의 남용에 해당하는 위법한 처분이라 할 수 있다.

(3) 부당결부금지의 원칙

행정처분에 있어서 당해 처분에 관련이 없는 반대급부를 결부시키는 것을 금지하는 것을 말한다. 특히 행정행위의 부관 및 관허사업의 제한과 같은 행정의 실효성 확보수단과 관련하여 행정권의 자의적인 권한행사를 통제하는 역할을 한다. 하천점용허가를 하면서 그동안 체납한 자동차세를 납부하라는 부관을 붙인 경우에는 원인적 관련성이 결여되어 부당결부금지의 원칙에 반한다. 반면, 하천점용허가시에 오염방지시설의 설치의무를 내용으로 하는 부관을 붙인 경우에 원인적 관련성, 목적적 관련성을 인정할 수 있다.

부당결부 불인정 사례

지방자치단체장이 사업자에게 주택사업계획승인을 하면서 그 주택사업과는 아무런 관련이 없는 토지를 기부채납하도록 하는 부관을 주택사업계획승인에 붙인 경우, 그 부관은 부당결부금지의 원칙에 위반되어 위법하지만 지방자치단체장이 승인한 사업자의 주택사업계획은 상당히 큰 규모의 사업임에 반하여, 사업자가 기부채납한 토지 가액은 그 100분의 1 상당의 금액에 불과한 데다가, 사업자가 그 동안 그 부관에 대하여 아무런 이의를 제기하지 아니하다가 지방자치단체장이 업무착오로 기부채납한 토지에 대하여 보상협조요청서를 보내자 그때서야 비로소 부관의 하자를 들고 나온 사정에 비추어 볼 때 부관의 하자가 중대하고 명백하여 당연무효라고는 볼 수 없다.

(4) 신뢰보호의 원칙

행정청의 선행행위를 신뢰하고 이에 따른 후행행위를 한 개인의 신뢰를 보호하는 원리를 의미한다. 이때, 신뢰는 보호가치 있는 신뢰이어야 한다. 행정청의 선행행위는 행정조직상의 형식적인 권한분장에 구

애될 것은 아니고 담당자의 조직상의 지위와 임무, 당해 언동을 하게 된 구체적인 경위 및 그에 대한 개인의 신뢰가능성에 비추어 실질에 의하여 판단하여야 한다.[88]

행정청의 선행행위에는 부작위를 포함한다. 판례는 택시운전사가 운전면허정지기간 중 운전행위를 하다가 적발되어 형사처벌을 받았으나 행정청으로부터 아무런 행정처분이 없어서 안심하고 계속 운전업무에 종사하고 있던 중 행정청이 위 위반행위가 있은 이후에 장기간에 걸쳐 아무런 행정조치를 취하지 않은 채 방치하고 있다가 3년이 지난 후에 이를 이유로 행정제재를 하면서 가장 무거운 행정처분인 운전면허취소처분을 하였다면 이는 행정청이 그간 별다른 행정조치가 없을 것이라고 믿은 신뢰의 이익과 그 법적 안정성을 빼앗는 것이 되어서 매우 가혹할 뿐만 아니라 비록 그 위반행위가 운전면허취소사유에 해당한다 할지라도 그와 같은 공익상의 목적만으로는 위 운전사가 입게 될 불이익에 견줄바 못된다 할 것이다.[89] 보호 가치 있는 신뢰인 경우에만 동 원칙을 주장할 수 있다. 사실은폐이거나 사위의 부정행위가 있는 경우에는 그로인한 신뢰를 보호 받을 수 없다.

피해자의 위법행위로 인한 적법한 취소처분

충전소설치예정지로부터 100m 내에 있는 건물주의 동의를 모두 얻지 아니하였음에도 불구하고 이를 갖춘 양 허가신청을 하여 그 허가를 받아낸 것으로서, 처분의 하자가 당사자의 사실 은폐 내지 사위의 방법에 의한 신청행위에 기인한 것이라 할 것이어서 그 처분에 의한 이익이 위법하게 취득되었음을 알아 그 취소가능성도 능히 예상하고 있었다고 보아야 할 것이므로 수익적 행정행위인 액화석유가스충전사업허가처분의 취소에 위법이 없다(대판 1992. 5. 8, 91누13274).

또한, 상대방의 신뢰와 처리행위 사이에는 인과관계가 있어야 한다. 즉, 상대방이 행정청의 선행조치를 믿었기 때문에 일정한 조치를 취한 경우이어야 한다. 신뢰보호원칙의 근거를 신의성실의 원칙에서 찾는 견해에 의하면, 행정청의 선행조치가 법령·계획·행정규칙·일반처분 등 일반성을 띤 경우에는 행정청과 국민 사이에 구체적인 신의관계가 형성되지 않으므로 인과관계는 인정되지 않는다. 그러나 법적 안정성설에 의하면 이러한 일반성을 띠는 조치도 신뢰보호의 문제가 되는 행정청의 선행조치로 보기 때문에 이러한 일반성을 띤 조치에 대한 신뢰와 관계인의 처분 사이의 인과관계는 중요한 문제가 된다.

그리고 상대방이 신뢰에 기초하여 일정한 처리행위를 하였음에도 불구하고 이후 행정청이 선행조치에 반하는 후행처분을 하였거나, 또는 행정청이 선행조치에 의하여 약속한 행위를 하지 않음으로써 행정청의 선행조치를 신뢰한 상대방의 권익이 침해된 경우이어야 한다.

신뢰의 원칙을 위반한 행청청의 처분

폐기물처리업에 대하여 사전에 관할 관청으로부터 적정통보를 받고 막대한 비용을 들여 허가요건을 갖춘 다음 허가신청을 하였음에도 다수 청소업자의 난립으로 안정적이고 효율적인 청소업무의 수행에 지장이 있다는 이유로 한 불허가처분은 신뢰보호의 원칙 및 비례의 원칙에 반하는 것으로서 재량권을 남용한 위법한 처분이다(대판 1999. 5. 8, 98두4061).

4. 근로관계에 관한 법

1) 기본개념

근로자와 사용자 간 관계는 기본적으로 민법에 의해 규율되지만 근로관계에 관한 법에 의한 수정이 가능하다. 근로관계에 관한 법이란 근로기준법, 남녀고용평등법, 최저임금법, 산업안전보건법, 기간제법 등을 포함한 개별적 근로관계법과 근로3권의 보장을 위한 집단적 노동관계법으로 구성되며, 주로 노동법이라고 통칭한다. 이 중 근로기준법은 상시 5인 이상 모든 사업 또는 사업장에 적용하는 일반 법률로 노동관계 규율의 기초가 된다. 민법과 근로기준법에 의한 노동관계에 구분은 아래와 같다.

구분		내용
근로계약 (근로기준법)		근로자가 사용자에게 근로를 제공하고 사용자가 이에 대하여 임금을 지급하는 목적
노무 공급계약 (민법)	고용	당사자일방이 상대방에 대하여 노무를 제공할 것을 약정하고 상대방이 이에 대하여 보수를 지급할 것을 약정
	도급	당사자일방이 어느 일을 완성할 것을 약정하고 상대방이 그 일의 결과에 대하여 보수를 지급할 것을 약정
	위임	당사자일방이 상대방에 대하여 사무의 처리를 위탁하고 상대방이 이를 승낙

민법 제656조는 고용계약에 있어서 그 보수액의 약정이 없는 때에는 관습에 의하여 지급하는 것으로 규정하고 있으나, 근로기준법은 위약예정의 금지(제20조), 전차금 상계의 금지(제21조), 강제저금의 금지(제22조)를 통하여 근로자 보호에 관한 내용을 규정한다. 또한 민법은 고용계약에 있어서 그 기간의 약정이 없는 때에는 당사자는 언제든지 계약해지를 통고할 수 있도록 규정한다(제660조). 이에 반하여 근로기준법은 제17조에 따라 근로조건을 명시하여야 하며, 제23조에 따라 정당한 이유 없이 해고, 휴직, 정직, 전직, 감봉, 그밖의 징벌을 하지 못한다. 해고를 하는 경우에는 30일 전에 예고를 하여야 하고, 해고사유와 시기를 서면으로 통지하여야 한다. 또한, 근로기준법 제17조 제2항은 사용자는 임금의 구성항목·계산방법·지급방법 등을 명시한 서면을 근로자에게

교부하여야 한다. 근로관계에 관한 법률의 총체는 자본주의 사회에서 근로자가 인간의 존엄성을 확보하고 인간다운 생활을 할 수 있도록 국가가 개입하여 근로계약의 성립, 내용, 변경에 관한 일정한 기준을 법으로 설정하는데 목적이 있다. 다만, 판례는 근로자에게 유리한 조건을 부여함에 있어서 제한적인 입장이다.

> 정년이 취업규칙과 단체협약에 60세로 규정되어 있었다가 새로운 단체협약에 의하여 55세로 인하된 경우, 단체협약에 따라 55세에 달하는 정년이 되었다 할 것이므로...(중략)...위법이 있다 할 수 없다(92다51341 판결).

2) 직장내괴롭힘 금지

근로기준법 제76조의2는 사용자 또는 근로자가 직장에서의 지위 또는 관계 등의 우위를 이용하여 업무상 적정범위를 넘어 다른 근로자에게 신체적·정신적 고통을 주거나 근무환경을 악화시키는 행위를 하여서는 아니된다고 규정한다. 이른바 직장내괴롭힘에 대한 내용으로 사용자는 이와 관련한 적절한 조치를 이행하여야 한다. 직장내괴롭힘으로 인하여 건강장해가 발생한 경우 산업재해보상보험법 제37조 제1항 제2호 다목에 의한 업무상 재해로 인정받을 수 있다.

직장내괴롭힘에 해당하려면 상술한 근로기준법 조항에 따라 직장내괴롭힘의 행위 요건인 ① 직장에서의 지위 또는 관계 등의 우위를 이용할 것 ② 업무상 적정 범위를 넘는 행위일 것 ③ 신체적·정신적 고통을 주거나 근무환경을 악화시켰을 것을 모두 충족시켜야 한다. 첫째, 직장에서의 관계의 우위를 볼 수 있는 요소들로는 일반적으로 직장 내 영향력이나 정규직 여부뿐만 아니라, 학벌·출신지역·성별·연령·인종 등 인적 속성 및 개인 대 집단 양상의 수적 측면도 포함한다. 즉, 직위

·체계상 사실상 상위에 있음을 이용한다면 인정된다. 둘째, 업무상 적정 범위에 관하여는 폭행·협박·따돌림·사적용무지시·강요가 문제된다. 이외에도 컴퓨터나 전화를 미제공하거나 인터넷 접속차단도 해당한다. 셋째, 근무환경 악화와 관련하여서는 면벽근무를 비롯하여 업무수행을 할 수 없는 환경을 조성하는 경우를 의미한다. 직장내괴롭힘의 행위장소에 대해서는 온라인 공간이나 사적 공간으로 확대되어 있다.

직장내괴롭힘은 근로자 상호 간 인권침해 소지가 있는 부분에 대하여 사용자의 조사·조치 의무를 취업규칙에 정해두어야 한다는 점에서 유의미하다. 한편, 사용자와 근로자가 아닌 고객에게 괴롭힘을 당하는 경우에는 산업안전보건법에 따라 사용자의 의무사항을 준수하여야 한다.

3) 산업재해보상보험법

(1) 목적

근로자를 사용하는 모든 사업이나 사업장에는 산업재해보상보험법이 적용된다. 동법은 근로자의 재해보상 및 재해근로자의 재활과 사회복귀를 촉진시키기 위한 보험시설의 설치·운영하며, 재해예방과 그밖에 근로자의 복지 증진을 위한 사업을 시행하여 근로자를 보호하는 것에 목적이 있다. 국가는 회계연도마다 예산의 범위에서 보험사업의 사무집행에 드는 비용을 일반회계에서 부담하여야 한다(산업재해보상보험법 제3조 1항). 보험료는 사업주 단독 부담으로 한다.

(2) 업무상 재해

업무상 재해는 업무수행성 및 업무기인성 조건을 만족한 상태에서의 부상·질병·장해·사망을 말한다. 업무상 재해의 인정기준은 동법

제37조에서 규정한다. 즉, 업무상 사고는 ① 근로자가 근로계약에 따른 업무나 그에 따르는 행위를 하던 중 발생한 사고 ② 사업주가 제공한 시설물 등을 이용하던 중 그 시설물 등의 결함이나 관리소홀로 발생한 사고 ③ 사업주가 주관하거나 사업주의 지시에 따라 참여한 행사나 행사준비 중 발생한 사고 ④ 휴게시간 중 사업주의 지배관리 하에 있다고 볼 수 있는 행위로 발생한 사고 ⑤ 그 밖에 업무와 관련하여 발생한 사고를 의미한다.

업무상 질병은 ① 업무수행 과정에서 물리적 인자, 화학물질, 분진, 병원체, 신체에 부담을 주는 업무 등 근로자의 건강에 장해를 일으킬 수 있는 요인을 취급하거나 그에 노출되어 발생한 질병 ② 업무상 부상이 원인이 되어 발생한 질병 ③ 직장내 괴롭힘, 고객의 폭언 등으로 인한 업무상 정신적 스트레스가 원인이 되어 발생한 질병 ④ 그 밖에 업무와 관련하여 발생한 질병을 말한다.

업무상 재해로서의 자살

산업재해보상보험법 제37조 제2항 본문에 의하면 근로자의 자살에 대해서는 업무상 재해로 인정하지 않으나 예외적으로 근로자의 인식능력 등이 뚜렷하게 저하된 경우 대통령령이 정한 사유에 한해 인정하고 있다. 동법 시행령 제36조 제1호 내지 제3호는 이에 대해 근로자가 '정신적 이상 상태'가 있을 것을 요구한다. 여기서 만일 근로자가 정신적 이상 상태가 없는 상태에서 과로와 스트레스 등으로 자살을 했을 경우 이에 대한 업무상 재해의 인정 여부가 문제된다.[90] 이에 대하여 판례는 업무상 재해로 인정하지 않는 입장이다.

사업주가 제공한 교통수단이나 그에 준하는 교통수단을 이용하는 등 사업주의 지배관리 하에서 출퇴근하는 중 발생한 사고도 업무상 재해에 해당한다. 또한, 제91조의2는 분진작업에 종사하여 진폐에 걸리는 경우에도 업무상 질병으로 본다고 규정한다.

진폐재해위로금지급거부처분취소

폐광된 광산에서 진폐로 인한 업무상 재해를 입은 근로자가 '2010. 5. 20. 법률 제10305호로 개정된 산업재해보상보험법 시행일인 2010. 11. 21. 이후에 장해등급이 확정'되어 장해급여가 아닌 진폐보상연금을 받게 되었더라도 구 석탄산업법 시행령제41조 제3항 제4호에 따른 재해위로금 지급 대상에 해당한다(대법원 2020. 10. 15. 2019두60523 판결).

(3) 산업재해보상보험법상 급여의 종류

구분	내용
요양급여	• 부상, 질병(4일 이상) • 현물지급원칙
휴업급여	• 평균임금의 70% • 4일 이상일 때
장해급여	• 장해등급 • 연금 또는 일시금
간병급여	• 상시 또는 수시로 간병을 받는 자에게 지급
유족급여	• 사실혼의 배우자 • 형제자매
상병보상연금	• 2년 요양 후 휴업급여 대신 • 중증요양상태인 경우
장의비	• 평균임금의 120일분
직업재활급여	• 장해급여자 대상 중 훈련대상자

5. 개인적 법익의 침해

1) 사람의 생명과 신체에 관한 죄

(1) 살인죄

사람을 살해한 자는 사형, 무기 또는 5년 이상의 징역에 처한다(형법 제250조). 태아나 사자(死者)는 살인죄의 객체가 되지 않는다. 형법은 존속살해죄의 경우에는 가중처벌을 규정하면서 윤리적 가치를 보호하고 있다. 또한, 직계존속이 치욕을 은폐하기 위하거나 양육할 수 없음을 예상하거나 특히 참작할 만한 동기로 인하여 분만 중 또는 분만직후의 영아를 살해한 때에는 10년 이하의 징역에 처한다(영아살해죄). 사람의 촉탁 또는 승낙을 받아 그를 살해한 자는 1년 이상 10년 이하의 징역에 처한다(촉탁, 승낙에 의한 살인죄).

낙지살인사건

비구폐색에 의한 질식을 인정하기 위해서는 피해자의 얼굴 등에 상처 등의 흔적이 있다는 점 및 그러한 흔적이 없을 경우 피해자가 본능적인 생존의지조차 발현될 수 없을 정도로 의식을 잃어 저항하지 않았다는 점이 증명되어야 한다. 그러나 위와 같은 흔적이 발견된 바 없으며, 피해자가 술을 마신 것만으로 당시 본능적인 생존의지조차 발현될 수 없을 정도로 의식을 잃은 상태에 있었다고 보기도 어렵다.

(2) 상해의 죄

사람의 신체를 상해한 자는 7년 이하의 징역, 10년 이하의 자격정지 또는 1천만 원 이하의 벌금에 처한다(형법 제257조 제1항). 자기 또는 직계존속에 대하여 상해와 폭행의 죄를 범하면, 중하게 처벌받고 있다(제257조 제2항, 존속상해죄). 또한 사람의 신체를 상해하여 생명에 대한 위험을 발생하게 한 자와 신체의 상해로 인하여 불구 또는 불치나 난치의 질병에 이르게 한 자는 1년 이상 10년 이하의 징역에 처한다(제258조, 중상해죄). 상해죄의 보호법익은 '사람의 건강한 신체'이다. 상해의 개념에 대하여, 법원은 '신체적 완정성설', '생리적 기능훼손설', '절충설'에 따른 경우가 있다. 신체적 완전성설을 취하게 되면 소량의 모발이나 수염, 손톱의 절단 등도 상해가 된다. 생리적 기능훼손설에 따르면 찰과상, 처녀막 파열, 치아탈락, 성병감염, 수면장애 등이 된다. 절충설에 따르면, 여자의 모발이나 남자의 수염절단은 '상해'이고, 남자의 모발이나 손톱의 절단은 '폭행'이 된다.

> [1] 음모는 성적 성숙함을 나타내거나, 치부를 가려주는 등을 시각적 · 감각적인 기능 이외에 특별한 생리적 기능이 없는 것이므로, 피해자의 음모의 모근부분을 남기고 모간 부분만을 일부 잘라냄으로써 음모의 전체적인 외관에 변형만이 생겼다면 이로 인하여 피해자에게 수치심을 야기하기는 하겠지만, 병리적으로 보아 피해자의 신체의 건강상태가 불량하게 변경되거나 생활기능에 장애가 초래되었다고 할 수는 없을 것이다(99도 3099).
> [2] 도주 운전죄가 성립하려면 피해자에 사상의 결과가 발생하여야 하고 생명 · 신체에 대한 단순한 위험에 그치거나 형법 제257조 제1항에 규정된 '상해'로 평가될 수 없을 정도의 극히 하찮은 상처로서 굳이 치료할 필요가 없는 것이어서 그로 인하여 건강상태를 침해하였다고 보기 어려운 경우에는 위 죄가 성립되지 않는다고 할 것이다(2007도1405).

(3) 폭행의 죄

사람의 신체에 대하여 폭행을 가한 자는 2년 이하의 징역, 500만원 이하의 벌금, 구류 또는 과료에 처한다(형법 제260조). 폭행죄에 있어서 '폭행'은 협의의 폭행으로써, 사람의 신체에 대한 유형력의 행사를 의미한다. 즉, 그 대상이 사람의 신체가 되기 때문에 직접적인 폭행을 의미하고, 간접폭행은 포함되지 아니한다. '유형력의 행사'란 구타, 밀치는 행위, 얼굴에 침을 뱉는 행위, 수염 · 모발의 절단 등이며, 그 외에도 심한 소음, 폭언의 수차례 반복, 고함을 질러 놀라게 하는 것 등이 있다. 위험한 물건을 휴대하여 폭행을 가하는 경우 '특수폭행죄'를 구성한다.

위험한 물건

피고인이 운전 중 甲과 발생한 시비로 한차례 다툼이 벌어진 직후 甲이 계속하여 피고인이 운전하던 자동차를 뒤따라온다고 보고 순간적으로 화가 나 甲에게 겁을 주기 위하여 자동차를 정차한 후 4 내지 5m 후진하여 甲이 승차하고 있던 자동차와 충돌한 사안에서, 피고인 운전의 자동차를 폭력행위 등 처벌에 관한 법률 제3조 제1항이 정한 '위험한 물건'에 해당한다고 본 사례 (대법원 2010. 11. 11 선고 2010도10256 판결)

2) 자유에 대한 죄

(1) 협박죄

협박죄 '자연인인 타인에게 해악을 고지'함으로써, '개인의 의사결정의 자유를 침해'하는 것을 내용으로 하는 범죄이다. 사람을 협박한 자는 3년 이하의 징역, 500만 원 이하의 벌금, 구류 또는 과료에 처한다(형법 제283조). '협박죄'에 있어 '협박'이라 함은 사람으로 하여금 '공포심'을 일으킬 수 있을 정도의 '해악을 고지'하는 것을 의미하고, 협박죄가 성립하기 위하여는 적어도 발생 가능한 것으로 생각될 수 있는 정도의 구체적인 해악의 고지가 있어야 한다. 해악에는 인위적인 것뿐만 아니라 천재지변이나 길흉화복에 관한 것도 포함한다. 정신병자나 영아의 경우에는 공포심을 일으킬만한 정신능력이 없는 것으로 본다. 일본 형법은 상대방 또는 상대방 친족의 생명, 신체, 자유, 명예, 재산에 해를 가한다는 취지를 알린 경우 협박죄의 구성요건에 해당한다고 규정하지만 우리 형법은 아무런 제한을 가하고 있지 않다.[91] 따라서 고지되는 해악은 위에서 열거된 일본 형법의 경우뿐만 아니라 성적자기결정권, 업무, 명예, 신용 등 일체의 법익에 관한 것을 포함하는 것으로 본다.[92]

(2) 체포감금의 죄

체포감금죄는 사람을 체포·감금함으로써, '신체의 자유'를 침해하는 범죄이다. 피해자가 직계존속의 경우에는 가중 처벌한다. 사람을 체포 또는 감금한 자는 5년 이하의 징역 또는 700만 원 이하의 벌금에 처한다(형법 제276조). 감금상태에 있어서 반드시 물리적인 감금을 의미하는 것은 아니며 심리적·무형적 감금도 포함한다.

> **체포죄의 기수 시기 및 미수범이 성립하는 경우**
>
> 체포죄는 계속범으로서 체포의 행위에 확실히 사람의 신체의 자유를 구속한다고 인정할 수 있을 정도의 시간적 계속이 있어야 기수에 이르고, 신체의 자유에 대한 구속이 그와 같은 정도에 이르지 못하고 일시적인 것으로 그친 경우에는 체포죄의 미수범이 성립할 뿐이다(대법원 2020. 3. 27 2016도18713 판결).

3) 강간과 추행의 죄

강간죄는 폭행·협박으로 사람을 강간한 죄로서 3년 이상의 유기징역에 처한다(형법 제297조). '준강간'은 사람의 '심신상실'이나 '항거불능의 상태'를 이용하여 간음 또는 추행하는 것을 말한다(제299조). 이러한 '심심상실의 상태'는 수면이나 인사불성뿐만 아니라, 정신기능의 이상으로 보통인의 동의로 볼 수 없는 경우를 포함한다. 미성년자 또는 심신미약자에 대한 간음죄(제302조)와 별도로, 16세 미만의 사람을 간음하거나 추행한 자는 '미성년자의제강간 및 강제추행죄'가 된다. 16세 미만자는 본인의 수락능력이 없다고 보아, 동의가 있어도 강간죄, 강제추행죄의 예에 의하여 처벌한다(제305조). 강제추행죄는 폭행·협박으로 사람에 대하여 추행함으로써 성립하는 범죄로서, 10년 이하의 징역 또는

1,500만 원 이하의 벌금에 처한다(제298조). 추행이란 행위자가 자신의 성욕을 자극하여 흥분·만족시킬 목적으로 하는 행위로서 일반인이 성적수치심을 느끼게 하는 일체의 행위를 이른다.

부부 강간죄

부부 사이에 민법상의 동거의무가 인정된다고 하더라도 거기에 폭행, 협박에 의하여 강요된 성관계를 감내할 의무가 내포되어 있다고 할 수 없다. 혼인이 개인의 성적자기결정권에 대한 포기를 의미한다고 할 수 없고, 성적으로 억압된 삶을 인내하는 과정일 수도 없기 때문이다(대법원 2013. 5. 16 선고 2012도14788 판결).

4) 명예에 대한 죄

(1) 명예훼손죄

'공연히 사실을 적시'하여 '사람의 명예를 훼손'한 자는 2년 이하의 징역이나 금고 또는 500만 원 이하의 벌금에 처한다(형법 제307조 제1항). 또한 허위사실의 적시에 의한 명예훼손죄(동조 제2항)는 제1항 보다 중한 형으로 벌한다. '공연성'이란 불특정 또는 다수인이 인식할 수 있는 상태를 의미한다. 명예훼손죄의 위법성조각사유로서, "행위가 진실한 사실로서 오로지 공공의 이익에 관한 때"에는 처벌하지 아니한다(제310조). 명예훼손죄와 출판물에 의하여 명예훼손죄는 반의사불벌죄이기 때문에 피해자의 명시한 의사에 반하여 공소를 제기할 수 없으며, 사자의 명예훼손죄(제308조)는 친고죄이다.

명예훼손죄 처벌 필요성

사실적시 명예훼손죄(형법 제307조 제1항)에 관한 폐지 논의도 있으나, 과학기술의 발전으로 명예를 훼손하는 방법이나 명예훼손이 이루어지는 공간도 다양해지고 새로워지면서 명예훼손죄는 이제 형법상의 범죄에 머물지 않고 인터넷을 이용한 경우 정보통신망법의 적용을 받으며, 명예훼손 행위의 목적, 수단 및 방법에 따라 특별법을 통해 그에 대한 처벌범위와 규제가 오히려 더 확대되고 있다. 사회적으로 알려진 사실이 진실이든 진실이 아니든 보호받아야 할 부분이 존재하고, 특히 인격권의 핵심을 이루는 개인 사생활의 본질적 측면에 관한 공개는 그 자체로 개인의 기본권을 중대하게 침해할 가능성이 있다(대법원 2020. 11. 19 선고 2020도5813 전원합의체 판결).

(2) 모욕죄

모욕죄의 행위는 공연히 모욕하는 것으로서, '공연히' 사람을 모욕한 자는 1년 이하의 징역이나 금고 또는 200만 원 이하의 벌금에 처한다(형법 제311조). 모욕한다는 것은 구체적으로 사실을 적시하지 아니하고 사람의 인격을 경멸하는 추상적인 가치판단만을 표시하는 것이다. 친고죄이다.

모욕죄의 기소유예처분 취소

정당행위 여부를 판단하지 않고 청구인에 대한 모욕 혐의를 인정한 이 사건 기소유예처분은 자의적인 검찰권의 행사로서 청구인의 평등권과 행복추구권을 침해하였다(헌법재판소 2020. 9. 24. 2019헌마1285).

V

개인 간 법률관계

1. 계약

1) 의의

계약이란 복수당사자의 대립되는 둘 이상의 의사표시, 즉 청약과 승낙의 합치를 요소로 하여 성립하는 법률행위이다. 계약의 당사자는 강행법규나 선량한 풍속 기타 사회질서에 반하지 않는 한 자유롭게 계약을 체결할 수 있는데, 살인청부계약이나 첩계약, 도박자금소비대차 및 불공정한 계약은 무효에 해당한다.

약관에 의한 계약의 성립

계약의 내용으로 삼기 위하여 당사자일방이 미리 준비한 계약조건으로서 약관의 조항이 무효사유에 해당하는 '고객에게 부당하게 불리한 조항'인지는 약관 조항에 의하여 고객에게 생길 수 있는 불이익의 내용과 불이익 발생의 개연성, 당사자들 사이의 거래과정에 미치는 영향, 관계 법령의 규정 등 모든 사정을 종합하여 판단하여야 한다(대법원 2014. 6. 12. 2013다214864 판결).

2) 계약자유의 원칙

개인이 의사에 의하여 자유롭게 계약을 체결하여 사법상의 법률관계를 스스로 규율한다는 것이 계약자유의 원칙이다. 국가는 시민 간의 재산거래나 경제활동에 개입·간섭하지 않는다는 의미에서 이를 사적자치의 원칙이라고도 한다. 계약자유의 원칙의 내용은 다음과 같다.

(1) 계약체결여부의 자유: 계약을 체결할 것인지 여부는 당사자가 자유롭게 결정할 수 있다.
(2) 계약상대방선택의 자유: 누구와 계약을 체결할 것인지는 당사자가 자유롭게 결정할 수 있다.
(3) 계약내용결정의 자유: 체결하는 계약의 내용은 각 당사자가 그들의 의사에 따라 자유롭게 결정할 수 있으며, 이미 체결된 계약도 그 내용을 자유롭게 수정하거나 변경할 수 있다.
(4) 계약방식의 자유: 체결하는 계약의 방식을 각 당사자가 자유롭게 정할 수 있다. 당사자는 편의에 따라 서면이나 구두 등으로 계약을 체결할 수 있으며 그 방식에 관하여 아무런 제한을 받지 않는다. 일반적으로 계약체결시에 계약서를 작성하는 경우가 많으나 요식계약의 경우를 제외하고 계약서의 작성·교부가 없더라도 계약은 유효하게 성립한다. 다만 계약서는 나중에 당사자 간에 분쟁이 발생하는 경우 계약의 존재를 증명할 수 있는 증거의 기능을 한다.

3) 계약자유에 대한 제한

계약의 자유는 자유주의와 평등주의 사상에 입각하여 무제한적으로 누릴 수 있는 것으로 인식되었으나 형식적 평등에 대한 모순으로 인하여 일정한 수정과 제한이 필요하게 되었다. 즉, 국가는 경제적 약자를 보호하고 실질적 평등을 이루기 위하여 계약내용에 간섭하는 등 계약자유의 원칙을 제한하게 되었다. 그 제한의 내용은 다음과 같다.

(1) 계약체결의 자유에 대한 제한

① 국민의 일상생활에서 중요한 우편·통신·운송·전기 등의 재화를 공급하는 공익적 독점기업은 정당한 이유 없이 급부제공을 거절하지 못하여, ② 공증인·집행관·법무사 등의 공공적 업무와 의사·약사·한의사 등의 공익적 업무에 관하여는 정당한 이유없이 직무의 집행을 거절하지 못하고, ③ 전쟁 또는 경제적 위기가 있는 경우에는 재화의 수급에 장애가 발생하므로 계약체결의 자유가 제한된다.

(2) 계약내용결정의 자유에 대한 제한

① 강행법규에 반하는 법률행위는 무효이다. ② 선량한 풍속 기타의 사회질서에 위반하는 사항을 내용으로 하는 계약도 무효이다(첩계약, 도박계약 등과 같이 인륜에 반하는 내용, 정의에 반하는 내용의 계약). ③ 경제적 약자를 보호하기 위하여 경제법, 노동법, 소비자법 분야에서는 계약의 내용에 관하여 법률적 규제를 하고 있다.

(3) 계약방식의 자유에 대한 제한

법률관계를 명확히 하고 사후의 분쟁발생 시 증거자료로 활용하거나 당사자에게 계약체결 시 신중을 기하도록 하기 위하여 서면의 작성, 공정증서의 작성 등의 방식을 요구하는 경우가 있다(민법 제186조 부동산의 등기, 제555조 서면에 의하지 아니한 증여와 해제).

4) 계약의 성립과 계약금

계약은 계약당사자의 청약과 승낙의 합치에 의하여 성립한다. 청약은 일정한 내용의 계약을 성립시킬 것을 목적으로 하는 의사표시로써 상대방에 도달한 때에 그 효력이 발생한다. 일단 청약의 효력이 발생한 때에는 청약자가 임의로 이를 철회하지 못한다. 청약의 구속력은 승낙기간을 정한 경우 그 기간이 경과하면 소멸하여 승낙기간을 정하지 않은 경우에는 승낙여부를 고려하여 결정하기에 필요하다고 생각되는 상당한 기간이 경과하면 소멸한다. 승낙은 계약을 성립시킬 것을 목적으로 하는 특정한 청약에 대한 의사표시이다. 승낙의 의사표시는 반드시 명시적으로 할 필요는 없고 묵시적으로 할 수 있다.

계약금이란 계약을 체결할 때에 당사자일방으로부터 상대방에게 교부되는 금전 기타 유가물을 말한다. 계약금은 일반적으로 해제권유보의 대가로 교부하는 해약금으로 추청하므로, 교부자는 계약금을 포기하고 수령자는 그 배액을 상환함으로써 계약을 해제할 수 있다. 계약금은 보통 매매대금의 10%를 주고받지만 이것은 사회적 관행에 불과하고 계약금은 반드시 매매대금의 10%라는 법규정은 없다.

5) 계약의 효력요건

계약이 유효하게 효력을 발생하기 위해서는 당사자에게 의사능력·행위능력이 있어야 한다. 의사능력이란 자신의 행위의 결과(권리의 발생, 변경, 소멸)를 판단하고 인식할 수 있는 정신적인 능력을 말한다. 정상적인 판단능력을 가지지 못한 자, 즉 의사무능력자가 한 행위는 무효이다. 의사무능력상태에서 한 행위에 의하여 발생하는 권리의무에 구속되게 하는 것은 타당하지 않기 때문이다. 예컨대, 5세 어린이라든가 마취상태에서의 행위, 술에 만취하여 정신을 잃은 상태에서의 행위 등은 무효로서 아무런 법률효과를 발생시키지 아니한다. 의사능력을 판정하는 객관적 기준은 존재하지 아니하므로 의사능력의 유무는 구체적인 법률행위와 관련하여 개별적으로 판단하여야 한다.

의사능력을 흠결한 상태에서 체결된 근저당설정계약

원고가 어릴 때부터 지능지수가 낮아 정규교육을 받지 못한 채 가족의 도움으로 살아왔고, 위 계약일 2년 8개월 후 실시된 신체감정결과 지능지수는 73, 사회연령은 6세 수준으로서 이름을 정확하게 쓰지 못하고 간단한 셈도 불가능하며, 원고의 본래 지능수준도 이와 크게 다르지 않을 것으로 추정된다는 감정결과가 나왔다면, 원고가 위 계약 당시 결코 적지 않은 금액을 대출 받고 이에 대하여 자신 소유의 부동산을 담보로 제공함으로써 만약 대출금을 변제하지 못할 때에는 근저당권의 실행으로 인하여 소유권을 상실할 수 있다는 일련의 법률적인 의미와 효과를 이해할 수 있는 의사능력을 갖추고 있었다고 볼 수 없고, 따라서 위 계약은 의사능력을 흠결한 상태에서 체결된 것으로서 무효라고 보아야 할 것이다(대법원 2002. 10. 11. 2001다 10113).

행위능력이란 독자적으로 완전하고 유효한 법률행위를 할 수 있는 능력을 말한다. 의사능력의 유무는 제3자가 이를 쉽게 알 수 없으며, 그 입증이 용이하지 않을 뿐만 아니라, 입증여부에 따라 상대방이 예측하지 못한 손해를 입게 될 수도 있다. 이에 민법은 의사능력이 없는 자를 보호하고, 다른 한편으로는 의사무능력자와 거래하는 상대방이 의사능력이 없는 자를 쉽게 구별하여 안전하고 신속하게 거래를 할 수 있도록 하기 위하여 행위무능력자 제도를 마련하고 있다. 행위무능력자 제도는 통상적으로 의사능력이 불완전하다고 인정되는 자를 일정한 기준에 따라 획일적으로 행위무능력자로 정하는 제도로서 행위무능력자의 행위는 의사능력의 유무를 따지지 않고 일률적으로 취소할 수 있도록 하고 있다.

또한, 계약은 그 내용이 확정성·실현가능성·적법성·사회적 타당성·공정성 등을 갖추어야 한다. 내용을 확정할 수 없는 계약, 실현 불가능한 내용의 계약, 강행법규에 반하는 내용의 계약, 선량한 풍속 기타 사회질서에 반하는 내용의 계약, 당사자의 궁박·경솔 또는 무경험으로 인하여 현저하게 공정을 잃은 계약 등은 원칙적으로 무효하다.

2. 계약의 유형 및 종류

1) 재산권의 이전

(1) 증여

증여는 당사자일방이 무상으로 재산을 상대방에 수여하는 의사를 표시하고 상대방이 이를 승낙함으로써 그 효력이 생긴다. 여기서 무상이라 함은 증여자가 수증자로부터 어떠한 반대급부를 받지 아니하고 재산을 수여하는 것으로 비록 수증자가 어떠한 조건이나 의무를 지는 조건부증여라 하더라도 그것이 증여자의 재산수여의 대가가 아닌 때에는 무상이므로 증여가 된다.[93] 민법 제561조에 따라 부담부 증여에는 쌍무계약에 관한 규정이 준용되므로 상대방이 의무를 이행하지 아니한 경우에는 부담부 증여를 해제할 수 있다. 판례도 친족간이 아닌 자에게 부양의 조건으로 증여를 하였으나, 수증자가 부양의무를 위반한 경우 증여를 해제할 수 있으며, 이미 이행한 부분에 대해서도 원상회복을 하여야 한다는 입장이다(대법원 1996. 1. 26. 95다43358).

(2) 매매

매매는 당사자일방이 재산권을 상대방에게 이전할 것을 약정하고 상대방이 그 대금을 지급할 것을 약정함으로써 그 효력이 생긴다. 매도인은 매수인에 대하여 매매의 목적이 된 권리를 이전하여야 하며 매수인은 매도인에게 그 대금을 지급하여야 한다. 이 경우 쌍방의무는 특별한 약정이나 관습이 없으면 동시에 이행하여야 한다. 매매계약 있은 후에도 인도하지 아니한 목적물로부터 생긴 과실은 매도인에게 속한다. 매수인은 목적물의 인도를 받은 날로부터 대금의 이자를 지급하여야 한다. 그러나 대금의 지급에 대하여 기한이 있는 때에는 그러하지 아니하다.

매매의 목적물에 하자가 있는 때에는 민법 제575조 제1항의 규정을 준용한다. 즉, 매매의 목적물이 지상권·지역권·전세권·질권 또는 유치권의 목적이 된 경우에 매수인이 이를 알지 못한 때에는 이로 인하여 계약의 목적을 달성할 수 없는 경우에 한하여 매수인은 계약을 해제할 수 있다. 기타의 경우에는 손해배상만을 청구할 수 있다. 그러나 매수인이 하자있는 것을 알았거나 과실로 인하여 이를 알지 못한 때에는 그러하지 아니하다.

(3) 교환

교환은 당사자쌍방이 금전 이외의 재산권을 상호이전할 것을 약정함으로써 그 효력이 생긴다. 교환에는 매매에 관한 규정이 준용된다. 당사자쌍방이 금전 이외의 재산권을 서로 이전할 것을 약정하면서 재산권들의 가치가 같지 않아서 일방 당사자가 일정금액을 보충하여 지급하기로 하는 경우에도 교환으로 본다.

민법 제597조(금전의 보충지급의 경우)

당사자일방이 전조의 재산권이전과 금전의 보충지급을 약정한 때에는 그 금전에 대하여는 매매대금에 관한 규정을 준용한다.

2) 물건의 이용

(1) 소비대차

소비대차는 당사자일방이 금전 기타 대체물의 소유권을 상대방에게 이전할 것을 약정하고 상대방은 그와 같은 종류, 품질 및 수량으로 반환할 것을 약정함으로써 그 효력이 발생한다. 경제적 곤란을 면하기 위한 소비대차에 있어서 차주가 대차 당시의 사정으로 고금리의 이자지급에 동의하는 경우 차주를 보호하고 대주의 폭리취득을 막아야할 필요가 발생한다.[94] 이자제한법 및 대부업등의등록및금융이용자보호에관한 법률이 특별법으로 적용된다.

상인 간의 소비대차는 이자부가 원칙이지만, 민법은 제598조에서 이자 관련 별도의 언급이 없으므로 무상계약을 원칙으로 본다. 그러나 소비대차가 유상계약인 경우에는 제567조에 따라 매매에 관한 규정이 준용된다.

준소비대차-대환

대환을 하는 경우 보증책임을 면하기로 약정하는 등의 특별한 사정이 없는 한 기존 채무에 대한 보증책임이 존속된다(대법원 2012. 2. 23. 2011다76426 판결).

(2) 사용대차

사용대차는 당사자일방이 상대방에게 무상으로 사용, 수익하게 하기 위하여 목적물을 인도할 것을 약정하고 상대방은 이를 사용, 수익한 후 그 물건을 반환할 것을 약정함으로써 그 효력이 생긴다. 차주는 계약 또는 그 목적물의 성질에 의하여 정하여진 용법으로 이를 사용, 수익하여야 한다. 차주는 대주의 승낙이 없으면 제3자에게 차용물을 사용, 수익하게 하지 못하며, 차주가 이를 위반한 때에는 대주는 계약을 해지할 수 있다. 차주가 차용물을 반환하는 때에는 이를 원상에 회복하여야 한다. 이에 부속시킨 물건은 철거할 수 있다. 계약 또는 목적물의 성질에 위반한 사용, 수익으로 인하여 생긴 손해배상의 청구와 차주가 지출한 비용의 상환청구는 대주가 물건의 반환을 받은 날로부터 6월내에 하여야 한다.

(3) 임대차

임대차는 당사자일방이 상대방에게 목적물을 사용, 수익하게 할 것을 약정하고 상대방이 이에 대하여 차임을 지급할 것을 약정함으로써 그 효력이 생긴다. 주택임대차보호법 내지 상가건물임대차보호법이 특별법으로 적용된다.

임대차의 존속기간

토지임대차의 경우, 견고한 건물 소유 목적인지 여부에 따라 이 사건 법률조항의 적용 여부에 차이를 두는 것은, 소유건물이 견고한 건물에 해당하는지 여부가 불분명한 경우도 있어 이에 대한 분쟁이 유발될 수 있을 뿐 아니라, 건축기술이 발달된 오늘날 견고한 건물에 해당하는지 여부가 임대차존속기간 제한의 적용 여부를 결정하는 기준이 되기에는 부적절하다. 또한 지하매설물 설치를 위한 토지임대차나 목조건물과 같은 소위 비견고 건물의 소유를 위한 토지임대차의 경우 이 사건 법률조항으로 인해 임대차 기간이 갱신되지 않는 한 20년이 경과한 후에는 이를 제거 또는 철거해야 하는데, 이는 사회경제적으로도 손실이 아닐 수 없다. 이 사건 법률조항은 입법취지가 불명확하고, 사회경제적 효율성 측면에서 일정한 목적의 정당성이 인정된다 하더라도 과잉금지원칙을 위반하여 계약의 자유를 침해한다(2013.12.26. 2011헌바234).

임대인은 목적물을 임차인에게 인도하고 계약존속 중 그 사용, 수익에 필요한 상태를 유지하게 할 의무를 부담하고, 임차인이 임차물의 보존에 관한 필요비를 지출한 때에는 임대인에 대하여 그 상환을 청구할 수 있다. 임차물의 일부가 임차인의 과실없이 멸실 기타 사유로 인하여 사용·수익할 수 없는 때에는 임차인은 그 부분의 비율에 의한 차임의 감액을 청구할 수 있으며, 그 잔존부분으로 임차의 목적을 달성할 수 없을 때에는 임차인은 계약을 해지할 수 있다. 임대물에 대한 공과 부담의 증감 기타 경제사정의 변동으로 인하여 약정한 차임이 상당하지 아니하게 된 때에 당사자는 장래에 대한 차임의 증감을 청구할 수 있다.

유익비상환청구권과 부속물매수청구권

유익비상환청구권과 부속물매수청구권은 임차인이 임차건물의 가치를 증가시키기 위해 설치한 시설물 등을 떼어내지 않고 임대인으로 하여금 개조·부속된 상태를 그대로 쓰게 함과 아울러 그 대가를 임차인에게 지급하게 한다는 점에서 유사하다.[95] 그런데 성립요건에 있어서 비용상환청구권은 제한이 없지만 부속물매수청구권은 임대인의 동의를 얻어 부속한 물건 또는 임대인으로부터 매수한 부속물로 한정하고 있다. 이와 관련하여 유익비상환청구권에 관한 규정은 임의규정이나, 부속물매수청구권에 관한 규정은 강행규정이다.

3) 노무의 제공

(1) 고용

고용은 당사자일방이 상대방에 대하여 노무를 제공할 것을 약정하고 상대방이 이에 대하여 보수를 지급할 것을 약정함으로써 그 효력이 생긴다. 오늘날 근로기준법을 비롯한 노동법 관련 규범의 보편화로 인하여 민법상 고용계약은 그 적용범위가 제한적이다. 사용자가 노무자에 대하여 약정하지 아니한 노무의 제공을 요구한 때에는 노무자는 계약을 해지할 수 있으며, 약정한 노무가 특수한 기능을 요하는 경우에 노무자가 그 기능이 없는 때에는 사용자는 계약을 해지할 수 있다. 노무제공의무의 일신전속성으로 인하여 노무자는 사용자 동의없이 제3자로 하여금 자기에 갈음하여 노무를 제공하지 못한다. 사용자도 노무자의 동의없이 그 권리를 제3자에게 양도하지 못한다. 사용자는 노무자에게 약정한 시기에 보수를 지급하여야 하며 시기의 약정이 없으면 관습에 의하고 관습이 없으면 약정한 노무를 종료한 후 지체없이 지급하여야 한다. 노무자는 선량한 관리자의 주의의무를 가지고 노무를 제공하여야 한다. 사용자는 근로계약에 수반되는 신의칙상의 부수적 의무로서 피용자가 노무를 제공하는 과정에서 생명, 신체, 건강을 해치는 일이 없도록 인적·물적 환경을 정비하는 등 필요한 조치를 강구하여야 할 보호의무를 부담하고, 이러한 보호의무를 위반함으로써 피용자가 손해를 입은 경우 이를 배상할 책임이 있다. 보호의무위반을 이유로 사용자에게 손해배상책임을 인정하기 위하여는 특별한 사정이 없는 한 그 사고가 피용자의 업무와 관련성을 가지고 있을 뿐 아니라 또한 그 사고가 통상 발생할 수 있다고 하는 것이 예측되거나 예측할 수 있는 경우라야 할 것이고, 그 예측가능성은 사고가 발생한 때와 장소, 가해자의 분별능력, 가해자의 성행, 가해자와 피해자의 관계 기타 여러 사정을 고려하여 판단하여야 한다.

고용계약에 있어서의 보수 지급

노무의 제공에 보수를 수반하는 것이 보통인 경우에는 ...(중략)... 보수의 종류와 범위 등은 관행 등에 의하여 결정하여야 할 것이다(대법원 1999. 7. 9. 97다58767).

(2) 도급

도급은 당사자일방이 어느 일을 완성할 것을 약정하고 상대방이 그 일의 결과에 대하여 보수를 지급할 것을 약정함으로써 그 효력이 생긴다. 보수는 그 완성된 목적물의 인도와 동시에 지급하여야 한다. 그러나 목적물의 인도를 요하지 아니하는 경우에는 그 일을 완성한 후 지체 없이 지급하여야 한다. 완성된 목적물 또는 완성 전의 성취된 부분에 하자가 있는 때에는 도급인은 수급인에 대하여 상당한 기간을 정하여 그 하자의 보수를 청구할 수 있다. 그러나 하자가 중요하지 아니한 경우 그 보수에 과다한 비용을 요할 때에는 그러하지 아니하다. 도급인은 하자의 보수에 갈음하여 또는 보수와 함께 손해배상을 청구할 수 있다. 그러나 목적물의 하자가 도급인이 제공한 재료의 성질 또는 도급인의 지시에 기인한 때에는 적용하지 아니한다. 이때, 수급인이 그 재료 또는 지시의 부적당함을 알고 도급인에게 고지하지 아니한 때에는 그러하지 아니하다.

위에서 언급한 하자의 보수, 손해배상의 청구 및 계약의 해제는 목적물의 인도를 받은 날로부터 1년 내에 하여야 하는데, 토지·건물 기타 공작물의 수급인은 목적물 또는 지반공사의 하자에 대하여 인도 후 5년간 담보의 책임이 있다. 그러나 목적물이 석조, 석회조, 연와조, 금속 기타 이와 유사한 재료로 조성된 것인 때에는 그 기간을 10년으로 한다.

지체상금

도급계약에 있어서 지체상금이 부당하게 과다한 때에는 감액도 할 수 있다 (대법원 2002. 9. 4. 2001다1386).

(3) 여행

여행계약은 당사자 한쪽이 상대방에게 운송, 숙박, 관광 또는 그 밖의 여행 관련 용역을 결합하여 제공하기로 약정하고 상대방이 그 대금을 지급하기로 약정함으로써 효력이 생긴다. 여행자는 여행을 시작하기 전에는 언제든지 계약을 해제할 수 있다. 다만, 여행자는 상대방에게 발생한 손해를 배상하여야 한다. 여행에 하자가 있는 경우 여행자는 여행주최자에게 하자의 시정 또는 대금의 감액을 청구할 수 있다. 다만, 그 시정에 지나치게 많은 비용이 들거나 그 밖에 시정을 합리적으로 기대할 수 없는 경우에는 시정을 청구할 수 없다. 여행자는 시정 청구, 감액 청구를 갈음하여 손해배상을 청구하거나 시정 청구, 감액 청구와 함께 손해배상을 청구할 수 있다.

기획여행업자가 여행자에게 부담하는 안전배려의무의 내용

기획여행업자가 여행자와 여행계약을 체결할 경우에는 다음과 같은 내용의 안전배려의무를 부담한다고 봄이 타당하다. 기획여행업자는 여행자의 생명·신체·재산 등의 안전을 확보하기 위하여 여행목적지·여행일정·여행행정·여행서비스기관의 선택 등에 관하여 미리 충분히 조사·검토하여 전문업자로서의 합리적인 판단을 하여야 한다. 그에 따라 기획여행업자는 여행을 시작하기 전 또는 그 이후라도 여행자가 부딪칠지 모르는 위험을 예견할 수 있을 경우에는 여행자에게 그 뜻을 알려 여행자 스스로 그 위험을 수용할지를 선택할 기회를 주어야 하고, 그 여행계약 내용의 실시 도중에 그러한 위험 발생의 우려가 있을 때는 미리 그 위험을 제거할 수단을 마련하는 등의 합리적 조치를 하여야 한다(대법원 2017. 12. 13. 2016다6293 판결).

(4) 현상광고

현상광고는 광고자가 어느 행위를 한 자에게 일정한 보수를 지급할 의사를 표시하고 이에 응한 자가 그 광고에 정한 행위를 완료함으로써 그 효력이 생긴다. 현상광고의 법적 성질에 관하여 불특정 다수인에 대한 청약과 응모자의 지정행위의 완료를 승낙으로 보는 계약설이 통설이다. 이에 반하여 단독행위설은 현상광고자의 일방적인 의사표시로 파악한다. 응모자는 지정행위를 완료하면 그 보수를 청구할 수 있다.

현상광고보수금

경찰이 탈옥수 신O원을 수배하면서 '제보로 검거되었을 때에 신고인 또는 제보자에게 현상금을 지급한다'라는 내용의 현상광고를 한 경우, 현상광고의 지정행위는 신O원의 거처 또는 소재를 경찰에 신고 내지 제보하는 것이고 신O원이 '검거되었을 때'는 지정행위의 완료에 조건을 붙인 것인데, 제보자가 신O원의 소재를 발견하고 경찰에 이를 신고함으로써 현상광고의 지정행위는 완료되었고, 그에 따라 경찰관 등이 출동하여 신O원이 있던 호프집 안에서 그를 검문하고 나아가 차량에 태워 파출소에까지 데려간 이상 그에 대한 검거는 이루어진 것이므로, 현상광고 상의 지정행위 완료에 붙인 조건도 성취되었다(대법원 2000. 8. 22. 2000다3675).

(5) 위임

위임은 당사자일방이 상대방에 대하여 사무의 처리를 위탁하고 상대방이 이를 승낙함으로써 그 효력이 생긴다. 수임인은 위임의 본지에 따라 선량한 관리자의 주의로써 위임사무를 처리하여야 한다. 위임의 예로는 ① 부동산의 매매알선 ② 의사의 치료 ③ 변호사의 소송위임 ④ 법무사의 등기절차 ⑤ 지입제 계약 ⑥ 아파트 관리회사와 입주자 대표회의와의 법률관계 등이 대표적이다.

수임인은 수임인이 위임사무의 처리에 관하여 필요비를 지출한 때에는 위임인에 대하여 지출한 날 이후의 이자를 청구할 수 있다(비용상환청구권). 수임인이 위임사무의 처리에 필요한 채무를 부담한 때에는 위임인에게 자기에 갈음하여 이를 변제하게 할 수 있고 그 채무가 변제기에 있지 아니한 때에는 상당한 담보를 제공하게 할 수 있다. 수임인이 위임사무의 처리를 위하여 과실없이 손해를 받은 때에는 위임인에 대하여 그 배상을 청구할 수 있다. 위임종료의 경우에 급박한 사정이 있는 때에는 수임인, 그 상속인이나 법정대리인은 위임인, 그 상속인이나 법정대리인이 위임사무를 처리할 수 있을 때까지 그 사무의 처리를 계속하여야 한다. 이 경우에는 위임의 존속과 동일한 효력이 있다.

의료계약에 따른 진료의무의 내용

의료인은 환자의 건강상태 등과 당시의 의료수준 그리고 자기의 지식경험에 따라 적절하다고 판단되는 진료방법을 선택할 수 있는 상당한 범위의 재량을 가진다. 그렇지만 환자의 수술과 같이 신체를 침해하는 진료행위를 하는 경우에는 질병의 증상, 치료방법의 내용 및 필요성, 발생이 예상되는 위험 등에 관하여 당시의 의료수준에 비추어 상당하다고 생각되는 사항을 설명하여, 당해 환자가 그 필요성이나 위험성을 충분히 비교해 보고 그 진료행위를 받을 것인지의 여부를 선택하도록 함으로써 그 진료행위에 대한 동의를 받아야 한다(대법원 2009. 5. 21, 2009다17417 전원합의체).

(6) 임치

임치는 당사자일방이 상대방에 대하여 금전이나 유가증권 기타 물건의 보관을 위탁하고 상대방이 이를 승낙함으로써 효력이 생긴다. 수치인은 임치인의 동의 없이 임치물을 사용하지 못한다. 일반적으로 물건의 보관을 위탁하는 예는 많으나, 민법의 임치규정이 적용될 기회는 극히 적다.[96]

상법상 임치의 성립 여부

여관 부설주차장에 시정장치가 된 출입문이 설치되어 있거나 출입을 통제하는 관리인이 배치되어 있거나 기타 여관 측에서 그 주차장에의 출입과 주차사실을 통제하거나 확인할 수 있는 조치가 되어 있다면, 그러한 주차장에 여관 투숙객이 주차한 차량에 관하여는 명시적인 위탁의 의사표시가 없어도 여관업자와 투숙객 사이에 임치의 합의가 있은 것으로 볼 수 있으나, 위와 같은 주차장 출입과 주차사실을 통제하거나 확인하는 시설이나 조치가 되어 있지 않은 채 단지 주차의 장소만을 제공하는 데에 불과하여 그 주차장 출입과 주차사실을 여관 측에서 통제하거나 확인하지 않고 있는 상황이라면, 부설주차장 관리자로서의 주의의무 위배 여부는 별론으로 하고 그러한 주차장에 주차한 것만으로 여관업자와 투숙객 사이에 임치의 합의가 있은 것으로 볼 수 없고, 투숙객이 여관 측에 주차사실을 고지하거나 차량열쇠를 맡겨 차량의 보관을 위탁한 경우에만 임치의 성립을 인정할 수 있다. 상법 제152조 제1항의 규정에 의한 임치가 성립하려면 우선 공중접객업자와 객 사이에 공중접객업자가 자기의 지배령역 내에서 목적물 보관의 채무를 부담하기로 하는 명시적 또는 묵시적 합의가 있음을 필요로 한다(대법원 1992. 2. 11 91다21800 판결).

4) 기타

(1) 조합

조합은 2인 이상이 금전 기타 재산 또는 노무를 상호출자하여 공동사업을 경영할 것을 약정함으로써 그 효력이 생긴다. 조합원의 출자 기타 조합재산은 조합원의 합유로 한다. 조합계약으로 업무집행자를 정하지 아니한 경우에는 조합원의 3분의 2 이상의 찬성으로써 이를 선임한다. 조합의 업무집행은 조합원의 과반수로써 결정하며, 업무집행자수인인 때에는 그 과반수로써 결정한다. 조합의 통상사무는 전항의 규정에 불구하고 각 조합원 또는 각 업무집행자가 전행할 수 있다. 그러나 그 사무의 완료 전에 다른 조합원 또는 다른 업무집행자의 이의가 있는 때에는 즉시 중지하여야 한다. 당사자가 손익분배의 비율을 정하지 아니한 때에는 각 조합원의 출자가액에 비례하여 이를 정한다. 이익 또는 손실에 대하여 분배의 비율을 정한 때에는 그 비율은 이익과 손실에 공통된 것으로 추정한다.

계약은 대립되는 쌍방의 의사표시의 합치를 정하고 있는데, 이에 반하여 조합은 2인 이상의 약정으로 성립할 수 있는 점에서 그 법적성질이 문제된다. 통설적 견해는 기본적으로 계약으로 보면서 일정한 제한이 따르는 것으로 보고 있다. 노동조합·농업협동조합·수산업협동조합 등은 각각의 개별법에서 인정하는 특수한 법인에 해당하며, 민법상 조합은 아니다. 동업관계는 민법상 조합의 대표적인 예시에 해당한다.

(2) 종신정기금

종신정기금계약은 당사자일방이 자기, 상대방 또는 제3자의 종신까지 정기로 금전 기타의 물건을 상대방 또는 제3자에게 지급할 것을 약정함으로써 그 효력이 생긴다. 노후보장을 위한 연금이나 보험제도에서 이와 유사한 제도가 운용되며 특별법이나 보통거래약관이 우선적용되어 민법규정이 적용될 여지는 거의 없다.97)

(3) 화해

화해는 당사자가 상호양보하여 당사자 간의 분쟁을 종지할 것을 약정함으로써 그 효력이 생긴다. 화해계약은 당사자일방이 양보한 권리가 소멸되고 상대방이 화해로 인하여 그 권리를 취득하는 효력이 있다(창설적 효력). 화해계약은 착오를 이유로 하여 취소하지 못하지만, 화해당사자의 자격 또는 화해의 목적인 분쟁 이외의 사항에 착오가 있는 때에는 그러하지 아니하다.

3. 의사표시

1) 의사와 표시의 불일치

(1) 비진의 표시

비진의 표시는 의사표시를 하는 사람이 내심의 진의와 표시행위가 일치하지 않음을 알면서 진의가 아닌 의사를 표시하는 경우이다. 농담, 희언이 이에 해당된다. 예를 들어, 시가 4억 원짜리를 농담으로 1억 원에 사라고 하는 경우가 해당된다. 이러한 경우에는 상대방이 표의자의 진의 아님을 알았거나 알 수 있었을 경우에는 무효지만 표의자의 진의 아님을 몰랐다면(선의) 표시한대로 효과가 발생한다. 비진의 표시의 무효는 선의의 제3자에게 대항하지 못한다.

(2) 통정허위표시

표의자와 상대방이 짜고서(통정) 한 허위의 의사표시이다. 예를 들어, A와 B가 통정하여 A의 채무면탈의 목적으로 A소유의 아파트를 B 소유로 이전시키는 경우이다. 이런 행위는 당사자 간에는 무효이다. 그러나 그러한 사실을 모르는(선의) C가 B를 진정한 소유자로 알고 그 아파트를 매수하였다면 C에게 통정허위표시의 무효를 주장할 수 없다. 사실은 증여인데 증여세를 면하기 위해 당사자쌍방이 합의하여 매매계약을 맺거나 부도에 대비하여 믿을 수 있는 제3자에게 재산을 도피시키는 가장매매가 이에 해당한다.

(3) 착오

착오는 표의자가 내심의 의사와 표시행위가 불일치함을 모르고, 내심의 의사와 다른 표시행위를 하는 것이다. 이러한 경우 그 착오가 법률행위의 중요한 부분의 착오일 때에는 표의자에게 중대한 과실이 없는 한 취소할 수 있다. 그러나 그 취소로 선의의 제3자에게 대항할 수 없다. 중요한 부분의 착오에 해당하는 것으로는 법률관계의 착오당사자의 동일성에 관한 착오, 목적물의 동일성에 대한 착오 등이 있다. 착오에는 표시상의 착오, 내용상의 착오, 동기의 착오 등 세 가지가 있다.

표시상의 착오는 100,000원이라고 쓴다는 것을 1,000,000원으로 잘못 표시한 경우와 같이 표시행위자체를 잘못하여 내심의 의사와 표시행위가 합치하지 않는 경우를 말한다. 내용상의 착오는 표시행위 자체에는 착오가 없으나 표시행위가 합치하지 않는 경우를 말한다. 호주 달러와 미국 달러가 같은 가치의 것으로 잘못 알고 호주 달러로 표시해야 할 것을 미국 달러로 표시한 경우가 이에 해당한다. 동기의 착오는 의사표시를 하게 된 동기 또는 이유에 있어서 사실을 잘못 인식한 경우이다. 견해의 대립이 있으나, 법원은 동기의 착오를 이유로 한 취소를 잘 인정하지 않는 경향에 있다.

착오가 표의자의 중대한 과실로 인한 때에는 비록 내용의 중요부분에 착오가 있더라도 취소할 수 없다(제109조 제1항). 중대한 과실이란 표의자의 직업, 행위의 종류, 목적 등에 비추어 보통 요구되는 주의를 현저히 결여한 것을 의미한다. 착오에 의한 의사표시에 의하여 성립된 계약이 취소된 경우에 그 취소는 선의의 제3자에게 대항하지 못한다.

불법행위 가해자와 피해자 사이의 손해배상에 관한 합의

합의가 손해의 범위를 정확히 확인하기 어려운 상황에서 이루어진 것이고, 후발손해가 합의 사정으로 보아 예상이 불가능한 것으로서, 당사자가 후발손해를 예상하였더라면 사회통념상 그 합의금액으로는 화해하지 않았을 것이라고 보는 것이 상당할 만큼...(중략)...다시 그 배상을 청구할 수 있다고 보아야 한다(99다42797).

2) 하자있는 의사표시

하자있는 의사표시란 진의에 상당하는 표시를 하였지만 그 의사형성에 일정한 흠이 있는 경우를 말한다. 민법은 하자있는 의사표시 유형으로 사기·강박에 의한 의사표시를 규정하고 있다. 사기라 함은 사람을 기망하여 착오에 빠지게 하는 위법한 행위를 말하며, 강박이란 타인에게 불법으로 해악을 가할 것을 알림으로써 두려운 감정을 일으키게 하는 위법한 행위를 말한다. 사기·강박에 의한 의사표시는 취소할 수 있다. 기망행위는 표의자의 착오를 유도하는 모든 행위유형을 말한다. 따라서 허위사실을 진술하는 등의 적극적 행위뿐만 아니라 진실을 고지하여야 할 자가 침묵함으로써 진실을 은폐하는 등의 소극적 행위도 기망행위가 될 수 있다. 그리고 기망행위로 인한 착오와 의사표시는 인과관계가 있어야 한다. 기망행위가 있더라도 착오를 일으키지 않은 상태에서 사기자가 원하는 의사표시를 한 경우에는 사기에 의한 의사표시가 되지 않는다.

강박에 의한 의사표시로 인정되려면 반드시 강박으로 인하여 두려운 감정에 기인한 의사표시이어야 한다. 강박행위가 있더라도 현실적으로 표의자가 두려운 감정이 생기지 않은 상태에서 강박자가 원하는 의사표시를 한 경우에는 강박에 의한 의가표시가 되지 않는다. 상대방 있는 의사표시에 관하여 제3자가 사기나 강박을 행한 경우에는 상대방이 그 사실을 알았거나 알 수 있었을 경우에 한하여 그 의사표시를 취소할 수 있다. 의사표시의 상대방이 사기나 강박을 행한 경우에는 언제든지 취소할 수 있지만, 상대방이 아닌 제3자의 사기 또는 강박에 의하여 의사표시를 한 때에는 상대방 보호의 문제가 발생하므로 상대방이 선의·무과실인 경우에는 취소하지 못하도록 한 것이다. 그리고 사기·강박에 의한 의사표시의 취소는 선의의 제3자에게 대항하지 못한다.

4. 법정채권

1) 사무관리

법률상 의무없이 타인을 위하여 사무를 관리하는 자는 그 사무의 성질에 좇아 가장 본인에게 이익되는 방법으로 이를 관리하여야 한다. 이때, 관리자가 본인의 의사를 알거나 알 수 있는 때에는 그 의사에 적합하도록 관리하여야 한다. 민법 제734조 제1항 및 제2항의 규정에 위반하여 사무를 관리한 경우에는 과실없는 때에도 이로 인한 손해를 배상할 책임이 있다. 그러나 그 관리행위가 공공의 이익에 적합한 때에는 중대한 과실이 없으면 배상할 책임이 없다. 또한, 관리자가 타인의 생명, 신체, 명예 또는 재산에 대한 급박한 위해를 면하게 하기 위하여 그 사무를 관리한 때에는 고의나 중대한 과실이 없으면 이로 인한 손해를 배상할 책임이 없다. 관리자는 관리를 개시한 때에 있어서 지체없이 본인에게 통지하여야 한다. 그러나 본인이 이미 이를 안 때에는 그러하지 아니하다.

2) 부당이득

법률상 원인없이 타인의 재산 또는 노무로 인하여 이익을 얻고 이로 인하여 타인에게 손해를 가한 자는 그 이익을 반환하여야 한다. 단, 불법의 원인으로 인하여 재산을 급여하거나 노무를 제공한 대에는 그 이익의 반환을 청구하지 못한다. 여기서 불법이라 함은 급여의 원인이 된 행위가 그 내용이나 성격 또는 목적이나 연유 등으로 볼 때 선량한 풍속 기타 사회질서에 위반될 뿐 아니라 반사회성·반윤리성·반도덕성이 현저하거나, 급여가 강행법규를 위반하여 이루어졌지만 이를 반환하게 하는 것이 오히려 규범목적에 부합하지 아니하는 경우 등에 해당하여야 한다. 그러한 급여를 한 사람은 그 원인행위가 법률상 무효임을 내세워 상대방에게 부당이득반환청구를 할 수 없음은 물론 급여한 물건의 소유권이 자기에게 있다고 하여 소유권에 기한 반환청구도 할 수 없다는 데 있으므로 결국 그 물건의 소유권은 급여를 받은 상대방에게 귀속된다(대법원 2017. 4. 26. 2017도1270).

악의의 수익자로 볼 수 있는지 여부

甲 주식회사가 상가를 신축 및 증축하여 분양하는 사업을 하기 위하여 신탁회사인 乙 주식회사와 분양관리신탁계약 및 대리사무계약을 체결하고, 그 후 丙 등 수분양자들과 분양계약을 체결하면서 분양계약서에 '乙 주식회사가 사

업부지 신탁등기 및 분양수입금 등의 자금관리를 담당하며, 그 외 매도인으로서의 책임을 지지 아니하며, 甲 회사가 乙 회사에 분양대금채권을 양도한다'라고 정하였는데, 丙 등이 분양계약의 취소를 이유로 甲 회사 및 乙 회사를 상대로 부당이득반환을 구한 사안에서, 분양관리신탁계약 및 대리사무계약의 내용, 구 건축물의 분양에 관한 법률 및 같은 법 시행령의 규정들에 비추어 乙 회사는 甲 회사와 같은 매도인으로서의 책임을 지지 아니한다(대법원 2017. 6. 15 선고 2013다8960 판결).

3) 불법행위

고의 또는 과실로 인한 위법행위로 타인에게 손해를 가한 자는 그 손해를 배상할 책임이 있다. 나아가 타인의 신체, 자유 또는 명예를 해하거나 기타 정신상 고통을 가한 자는 재산 이외의 손해에 대하여도 배상할 책임이 있다. 피해자는 ① 가해자의 고의 또는 과실 ② 위법성 및 ③ 손해의 발생을 증명하여야 한다. 가해자의 책임능력에 관하여는 책임을 면하려는 가해자가 이를 증명할 수 있다. 민법은 과실책임주의를 원칙으로 하고, 예외적으로 무과실책임주의를 인정한다.

불법행위에 있어서 손해배상의 범위

불법행위로 영업용 물건이 멸실된 경우, 이를 대체할 다른 물건을 마련하기 위하여 필요한 합리적인 기간 동안 그 물건을 이용하여 영업을 계속하였더라면 얻을 수 있었던 이익, 즉 휴업손해는 그에 대한 증명이 가능한 한 통상의 손해로서 그 교환가치와는 별도로 배상하여야 하고, 이는 영업용 물건이 일부 손괴된 경우, 수리를 위하여 필요한 합리적인 기간 동안의 휴업손해와 마찬가지라고 보아야 할 것이다. 일반적으로 타인의 불법행위 등에 의하여 재산권이 침해된 경우에는 그 재산적 손해의 배상에 의하여 정신적 고통도 회복된다고 보아야 할 것이므로 재산적 손해의 배상에 의하여 회복할 수 없는 정신적 손해가 발생하였다면, 이는 특별한 사정으로 인한 손해로서 가해자가 그러한 사정을 알았거나 알 수 있었을 경우에 한하여 그 손해에 대한 위자료를 청구할 수 있다(대법원 2004. 3. 18. 2001다82507 전원합의체).

4) 특수 불법행위

상술한 불법행위의 성립요건과 다른 특수한 요건이 정하여져 있는 경우 이를 특수 불법행위라 하며, 민법 규정 내지 판례에서 이를 인정하고 있다. 예컨대, 책임무능력자의 감독자 책임(제755조), 사용자의 책임(제756조), 도급인의 책임(제757조), 공작물 등의 점유자 및 소유자 책임(제758조), 동물의 점유자(제759조)의 책임은 타인의 가해행위 또는 물건에 의한 손해에 대하여 배상책임을 지우는 점에서 일반 불법행위와 구별된다.

공동불법행위자의 책임

민법 제760조 제3항은 불법행위의 방조자를 공동불법행위자로 보아 방조자에게 공동불법행위의 책임을 부담시키고 있다. 방조는 불법행위를 용이하게 하는 직접, 간접의 모든 행위를 가리키는 것으로서 손해의 전보를 목적으로 하여 과실을 원칙적으로 고의와 동일시하는 민사법의 영역에서는 과실에 의한 방조도 가능하며, 이 경우의 과실의 내용은 불법행위에 도움을 주지 말아야 할 주의의무가 있음을 전제로 하여 그 의무를 위반하는 것을 말한다. 그런데 타인의 불법행위에 대하여 과실에 의한 방조로서 공동불법행위의 책임을 지우기 위해서는 방조행위와 불법행위에 의한 피해자의 손해발생 사이에 상당인과관계가 인정되어야 하며, 상당인과관계가 있는지 여부를 판단할 때에는 과실에 의한 행위로 인하여 해당 불법행위를 용이하게 한다는 사정에 관한 예견 가능성과 아울러 과실에 의한 행위가 피해 발생에 끼친 영향, 피해자의 신뢰 형성에 기여한 정도, 피해자 스스로 쉽게 피해를 방지할 수 있었는지 등을 종합적으로 고려하여 그 책임이 지나치게 확대되지 않도록 신중을 기하여야 한다(대법원 2018. 10. 25. 2016다223067).

이외에도 민법 외 법률에서 정하는 기타의 특수불법행위는 자동차 운행자의 책임(자동차손해배상보장법), 환경오염책임, 제조물책임, 의료과오책임(의사의 설명의무)이 있다.

5. 물권

1) 점유권

물건을 사실상 지배하는 자는 점유권이 있다. 점유자는 소유의 의사로 선의, 평온 및 공연하게 점유한 것으로 추정한다. 가사상, 영업상 기타 유사한 관계에 의하여 타인의 지시를 받아 물건에 대한 사실상의 지배를 하는 때에는 그 타인만을 점유자로 한다(점유보조자). 선의의 점유자는 점유물의 과실을 취득하며, 악의의 점유자는 수취한 과실을 반환하여야 한다. 만일 점유물을 소비하였거나 과실로 인하여 훼손 또는 수취하지 못한 경우에는 그 과실의 대가를 보상하여야 한다. 점유자는 그 점유를 부정히 침탈 또는 방해하는 행위에 대하여 자력으로써 이를 방위할 수 있다. 점유물이 침탈되었을 경우 부동산일 때에는 점유자는 침탈 후 직시 가해자를 배제하여 이를 탈환할 수 있고, 동산일 때에는 점유자는 현장에서 또는 추적하여 가해자로부터 이를 탈환할 수 있다.

사실상의 지배

물건에 대한 점유란 사회관념상 어떤 사람의 사실적 지배에 있다고 할 수 있는 객관적 관계를 가리키는 것으로서, 사실상의 지배가 있다고 하기 위하여는 반드시 물건을 물리적·현실적으로 지배할 필요는 없고, 물건과 사람과의 시간적·공간적 관계와 본권관계, 타인의 간섭가능성 등을 고려하여 사회관념에 따라 합목적적으로 판단하여야 하므로, 물건에 대한 사실상의 지배를 상실했는가의 여부도 역시 위와 같은 사회관념에 따라 결정되어야 한다(대법원 2012. 1. 27. 2011다74949).

2) 소유권

소유자는 법률의 범위 내에서 그 소유물을 사용, 수익, 처분할 권리가 있다. 소유자는 그 소유에 속한 물건을 점유한 자에 대하여 반환을 청구할 수 있다. 그러나 점유자가 그 물건을 점유할 권리가 있는 때에는 반환을 거부할 수 있다. 소유자는 소유권을 방해하는 자에 대하여 방해의 제거를 청구할 수 있고 소유권을 방해할 염려있는 행위를 하는 자에 대하여 그 예방이나 손해배상의 담보를 청구할 수 있다.

토지의 소유권은 정당한 이익 있는 범위 내에서 토지의 상하에 미친다. 토지소유자는 경계나 그 근방에서 담 또는 건물을 축조하거나 수선하기 위하여 필요한 범위 내에서 이웃토지의 사용을 청구할 수 있다. 그러나 이웃사람의 승낙이 없으면 그 주거에 들어가지 못한다. 토지소유자는 매연, 열기체, 액체, 음향, 진동 기타 이에 유사한 것으로 이웃토지의 사용을 방해하거나 이웃거주자의 생활에 고통을 주지 아니하도록 적당한 조처를 할 의무가 있다. 이웃거주자는 이 사태가 이웃토지의 통상의 용도에 적당한 것인 때에는 이를 인용할 의무가 있다. 어느 토지와 공로 사이에 그 토지의 용도에 필요한 통로가 없는 경우에 그 토지소유자는 주위의 토지를 통행 또는 통로로 하지 아니하면 공로에 출입할 수 없거나 과다한 비용을 요하는 때에는 그 주위의 토지를 통행할 수 있고 필요한 경우에는 통로를 개설할 수 있다. 그러나 이로 인한 손해가 가장 적은 장소와 방법을 선택하여야 한다.

건물 소유권에 있어서 수인이 한채의 건물을 구분하여 각각 그 일부분을 소유한 때에는 건물과 그 부속물 중 공용하는 부분은 그의 공유로 추정한다. 공용부분의 보존에 관한 비용 기타의 부담은 각자의 소유부분의 가액에 비례하여 분담한다.

부동산 소유권의 취득시효

민법 제245조 제1항에서 부동산에 대한 취득시효 제도를 두고 있는 이유는 부동산을 점유하는 상태가 오랫동안 계속된 경우 권리자로서의 외형을 지닌 사실상태를 존중하여 이를 진실한 권리관계로 높여 보호함으로써 법질서의 안정을 기하고, 장기간 지속된 사실상태는 진실한 권리관계와 일치될 개연성이 높다는 점을 고려하여 권리관계에 관한 분쟁이 생긴 경우 점유자의 증명곤란을 구제하려는 데에 있다(대법원 2016. 10. 27. 2016다224596).

3) 용익물권

(1) 지상권

지상권자는 타인의 토지에 건물 기타 공작물이나 수목을 소유하기 위하여 그 토지를 사용하는 권리가 있다. 지상권이 소멸한 경우에 건물 기타 공작물이나 수목이 현존한 때에는 지상권자는 계약의 갱신을 청구할 수 있다. 지상권설정자가 계약의 갱신을 원하지 아니하는 때에는 지상권자는 상당한 가액으로 전항의 공작물이나 수목의 매수를 청구할 수 있다.

(2) 지역권

지역권자는 일정한 목적을 위하여 타인의 토지를 자기토지의 편익에 이용하는 권리가 있다. 지역권은 요역지소유권에 부종하여 이전하며 또는 요역지에 대한 소유권 이외의 권리의 목적이 된다. 그러나 다른 약정이 있는 때에는 그 약정에 의한다. 용수승역지의 수량이 요역지 및 승역지의 수요에 부족한 때에는 그 수요정도에 의하여 먼저 가용에 공급하고 다른 용도에 공급하여야 한다. 그러나 설정행위에 다른 약정이 있는 때에는 그 약정에 의한다. 승역지에 수개의 용수지역권이 설정된 때에는 후순위의 지역권자는 선순위의 지역권자의 용수를 방해하지 못한다.

(3) 전세권

전세권자는 전세금을 지급하고 타인의 부동산을 점유하여 그 부동산의 용도에 좇아 사용·수익하며, 그 부동산 전부에 대하여 후순위권리자 기타 채권자보다 전세금의 우선변제를 받을 권리가 있다. 전세권자는 목적물의 현상을 유지하고 그 통상의 관리에 속한 수선을 하여야 한다. 전세권자는 전세권을 타인에게 양도 또는 담보로 제공할 수 있고 그 존속기간 내에서 그 목적물을 타인에게 전전세 또는 임대할 수 있다. 그러나 설정행위로 이를 금지한 때에는 그러하지 아니하다. 전세권의 존속기간은 10년을 넘지 못한다. 당사자의 약정기간이 10년을 넘는 때에는 이를 10년으로 단축한다. 임대차의 기간을 제한한 민법 제651조 제1항을 위헌이라 판단한 헌법재판소 결정(2013. 12. 26. 2011헌바234)을 근거로 전세권의 존속기간에 관한 내용도 계약자유의 원칙에 반하여 위헌이라는 견해가 있다.[98]

4) 담보물권

(1) 유치권

타인의 물건 또는 유가증권을 점유한 자는 그 물건이나 유가증권에 관하여 생긴 채권이 변제기에 있는 경우에는 변제를 받을 때까지 그 물건 또는 유가증권을 유치할 권리가 있다. 유치권자는 채권전부의 변제를 받을 때까지 유치물전부에 대하여 그 권리를 행사할 수 있다.

동산에 대한 유치권 행사

채무자 등이 없는 때 집행관은 동산을 스스로 보관할 수도 있고 채권자나 제

3자를 보관인으로 선임하여 보관하게 할 수도 있다. 이때 집행관이나 채권자 등은 보관비용이 생긴 경우 동산의 수취를 청구하는 채무자 등에게 보관비용을 변제받을 때까지 유치권을 행사할 수 있다(대법원 2020. 9. 3. 2018다 288044 판결).

(2) 질권

동산질권자는 채권의 담보로 채무자 또는 제3자가 제공한 동산을 점유하고 그 동산에 대하여 다른 채권자보다 자기채권의 우선변제를 받을 권리가 있다. 권리질권은 재산권을 그 목적으로 할 수 있다. 예컨대, 은행이 대출채권의 담보로 하기 위해서 자신에 대한 예금채권을 질권의 목적으로 하는 것이 있다. 그러나 부동산의 사용, 수익(지상권·지역권·전세권·광업권·어업권)을 목적으로 하는 권리는 그러하지 아니하다.

(3) 저당권

저당권자는 채무자 또는 제3자가 점유를 이전하지 아니하고 채무의 담보로 제공한 부동산에 대하여 다른 채권자보다 자기채권의 우선변제를 받을 권리가 있다. 저당권은 그 담보할 채무의 최고액만을 정하고 채무의 확정을 장래에 보류하여 이를 설정할 수 있다. 이 경우에는 그 확정될 때까지의 채무의 소멸 또는 이전은 저당권에 영향을 미치지 아니한다. 저당권의 효력은 저당부동산에 부합된 물건과 종물에 미친다. 그러나 법률에 특별한 규정 또는 설정행위에 다른 약정이 있으면 그러하지 아니하다. 저당권은 원본, 이자, 위약금, 채무불이행으로 인한 손해배상 및 저당권의 실행비용을 담보한다. 그러나 지연배상에 대하여는 원본의 이행기일을 경과한 후의 1년분에 한하여 저당권을 행사할 수 있다.

제2장

사례편

I. 보이스피싱
II. 협의이혼과 재판상 이혼
III. 이혼과 재산분할
V. 주택임대차의 대항력 및 임차권등기명령
V. 상해죄와 합의
VI. 인터넷과 음란게시물
VII. 임대차보증금반환과 공동소송
VIII. 부동산이전과 대출금채무의 승계
IX. 사기 피해의 회복
X. 부동산인도소송
XI. 신용카드의 부정사용
XII. 도로 통행을 막는 교통방해
XIII. 상속과 기여분
XIV. 서체 저작권
XV. 사망 후 기부 약정과 유언장
XVI. 보증계약
XVII. 사실혼
XVIII. 초상권과 뺑소니
XIX. 국선변호인
XX. 임차보증금반환채권의 양도
XXI. 채권의 소멸시효

I

보이스피싱

6,900만 원의 보이스피싱을 당했습니다. 저의 명의가 도용되었다며 검찰청을 사칭한 곳에서 전화가 왔고, 금융기관에서 대출을 받은 후 금융감독원 직원을 접선하여 대출금을 건네주라고 하더군요. 저의 명의로 대출을 받아서 제가 손해를 볼 수 있으니, 저보고 잽싸게 대출을 잔뜩 받아서 명의를 도용한 사람들이 대출을 받지 못하도록 하라는 것이었습니다. 3개의 금융기관에서 대출을 받았으며, 금융감독원 직원이라고 주장한 사람을 OO동과 ㅁㅁ동에서 한 번씩 만나서 돈을 건네주었습니다. 이상하게 느껴서 돈을 모두 건네주고 난 다음에 경찰서에 신고하였으며, 경찰들이 주변 CCTV를 확보하여 4명의 피의자를 검거하였다고 합니다. 경찰서에 찾아가서 4명의 피의자 연락처를 알려달라고 하니, 알려주지 못한다고 합니다. 돈을 받으려면 민사로 해결하고, 경찰서에서는 피의자라 하더라도 개인정보를 못 알려준다고 하더군요. 아버지에게 여쭈어 보니, 경찰들에게 돈을 조금 쥐어주는게 어떠냐고 하시더군요. 고민하다가 아직 경찰에게 돈을 주지는 않았습니다. 머리에 맴도는 말이 경찰이 민사로 해결하라고 한 말인데, 지금 이 상황에서 어떻게 민사로 해결하나요? 상대방에 대한 아무런 정보 없이 민사소송을 하는 것이 가능한가요? 만일 가능하다면 그 방법과 절차에 대해서 알고 싶습니다.

1. 민사소송을 통한 배상방법

1) 불법행위로 인한 손해배상 청구

민법 제760조 제1항에서는 '수인이 공동의 불법행위로 타인에게 손해를 가한 때에는 연대하여 그 손해를 배상할 책임이 있다'라고 규정하고 있습니다. 동조 제2항과 제3항에서는 각각 '공동 아닌 수인의 행위 중 어느 자의 행위가 그 손해를 가한 것인지를 알 수 없는 때에도 전항과 같다', '교사자나 방조자는 공동행위자로 본다'라고 규정하고 있습니다.

또한 판례는 '다수의 인원이 함께 누군가에게 손해를 가할 경우를 규율하는 법 규정인 민법 제760조의 '공동불법행위'에 관하여, 그 불법행위자들 사이의 공모는 물론 공동의 인식도 요구되지 않고, 다만 외부에서 판단했을 때 그 공동의 행위가 객관적으로 관련되어 있으면 족하고, 그러한 관련 공동성 있는 행위로 인해 손해가 발생됨으로써 그에 대한 배상책임을 지는 공동불법행위가 성립하는 것이다(대법원 2009다1313)'고 판시하고 있습니다. 성명불상자가 불특정 다수인들을 기망하여 통장에 돈을 입금 또는 교부하게 하는 이른바 '보이스피싱'에 대하여 판례는 공동불법행위를 인정하면서 다만 원고의 과실상계를 이유로 피고인들의 손해배상 책임비율에 있어서 차이가 있습니다.

이에 따라 보이스피싱 사기를 통해 자신에게 금 6,900만 원의 손해를 가한 피의자들에게 공동불법행위에 따른 손해배상을 청구할 요건을 충족합니다. 따라서 공동불법행위에 따른 손해배상 청구소송 소장을 작성한 후 법원에 제출하여 의뢰인이 소송에 지출한 비용 및 피해 입은 금액을 청구하면 됩니다.

2) 상대방 특정 방법

민사소송을 제기하기 위해서는 소장을 송달받을 상대방을 특정할 필요가 있습니다. 일반적으로 당사자는 성명과 주소를 통해 특정될 수 있고, 민사소송법 제249조 제1항에 따른 소장의 필수적 기재사항도 이에 상응하게 규정하고 있습니다. 그런데 소장을 작성할 때 상대방의 정보를 모른다면 우선 대략의 인적사항을 표시하여 제출한 후 소장이 제출된 법원에 사실조회신청(민사소송법 제294조의 조사의 촉탁)이나 수사기록에 대한 문서송부촉탁신청을 하여 피의자들에 대한 인적사항을 확인하여 나중에 정확하게 특정하면 됩니다. 그러나 위 사실조회신청을 거쳐 당사자 표시 정정을 하는 경우에는 많은 시간이 소요됩니다. 더구나 개인정보 문제로 조사촉탁을 받은 측에서 정보제공을 거부하는 경우도 있습니다.

이름과 주소를 모르는 상대방에 대한 소송

민사소송법은 상대방의 주소를 모르는 경우에 조우송달이나 공시송달이 가능하다고 규정되어 있으므로, 당사자의 주소는 소장의 적식이나 당사자 특정을 위한 필수적 요소가 아니다. 그러므로 성명과 주소를 모르는 상대방에 대해서도 소장에 다른 정보들을 기재하여 당사자 특정 및 이를 전제로 하는 당사자 확정이 가능하고, 어떤 방식이든 송달이 가능한 정보가 포함되어 있다면 소제기가 적법하다.[99]

2. 형사절차에서 배상을 받는 방법

1) 피의자들의 행위가 범죄를 구성하는지에 관하여

형법 제347조 제1항에서는 '사람을 기망하여 재물의 교부를 받거나 재산상의 이익을 취득한 자는 10년 이하의 징역 또는 2천만 원 이하의 벌금에 처한다'라고 규정하고 있고, 동조 제2항에서는 '전항의 방법으로 제3자로 하여금 재물의 교부를 받게 하거나 재산상의 이득을 취득하게 한 때에도 전항의 형과 같다'라고 규정하고 있습니다. 피의자들이 한 행위는 위 사기죄의 구성요건에 해당하며, 보이스피싱 범죄는 잠정적으로 모든 개인을 대상으로 광범위한 피해를 양산하고 있고, 특히 경제적으로 곤궁한 상태에 있는 서민들에게 심각한 피해를 야기하고 있으므로 신속검거 및 처벌이 필요합니다.

2) 형사 합의

현실적으로 피해자는 자신의 피해회복을 위하여 형사 절차와 별개의 민사절차를 진행하는 일은 쉬운 일이 아니고, 오히려 소송 비용, 시간, 현실적 피해회복 가능성 등의 측면에서 선호하는 형사합의가 널리 사용되고 있습니다.[100] 피의자들이 경찰에 검거된 것으로 보아 경찰 조사가 이미 진행 중이거나 추후 진행이 될 것으로 판단됩니다. 사기죄의 경우 피해자와의 합의 여부가 형량 결정에 있어 중요한 요소이므로 수사 후 피의자 측에서 합의 여부를 물어보게 되면, 피해 받은 금액을 합의 단계에서 배상액으로 제시하는 방법이 있겠습니다.

3) 배상명령신청

배상명령이란 제1심 또는 제2심의 형사공판절차에서 법원이 유죄판결을 선고하는 경우 그 유죄판결과 동시에 범죄행위로 인해 발생한 직접적인 물적 피해 및 치료비 손해의 배상을 명하거나, 피고인과 범죄피해자 사이에 합의된 손해배상액에 관하여 배상을 명하는 제도를 말합니다. 소송촉진 등에 관한 특례법 제25조 제1항에 따라 피의자의 사기범죄가 유죄판결이 선고된다면 법원은 직권 또는 범죄피해자나 그 상속인의 신청에 따라 배상명령을 할 수 있다고 명시하고 있습니다. 다만, 손해배상의 범위에서 일실이익은 제외됩니다. 따라서 형사소송 과정에서 동법 제26조에 따라 공판의 변론이 종결될 때까지 배상명령을 신청할 수 있습니다.

소송촉진 등에 관한 특례법 제26조

③ 신청서에는 다음 각 호의 사항을 적고 신청인 또는 대리인이 서명·날인하여야 한다.

1. 피고사건의 번호, 사건명 및 사건이 계속된 법원
2. 신청인의 성명과 주소
3. 대리인이 신청할 때에는 그 대리인의 성명과 주소
4. 상대방 피고인의 성명과 주소
5. 배상의 대상과 그 내용
6. 배상 청구 금액

II

협의이혼과 재판상 이혼

대학에서 호텔조리학을 공부한 딸이 실습기관에서 만난 남자와 사랑에 빠져 임신을 하고, 결혼을 하였습니다. 결혼 후, 사위는 일을 그만 두고 집에서 육아에 전념한다고 들었습니다. 지난달에 딸아이가 출산을 한지 1년째 되었습니다. 딸과 사위가 살 곳이 없다고 해서 전세로 집을 하나 얻어주었는데, 잘 사는지 보려고 한 번 가봤습니다. 그런데 그 집에 다른 사람이 살고 있는 것이었습니다. 알고 보니, 사위가 전세보증금을 모두 탕진하고 월셋집으로 옮겼다는 것이었습니다. 사위는 알코올 중독자라고 합니다. 새로 옮겼다는 월셋집에 갔을 때, 집안꼴이 말이 아니었습니다. 사위 몸에서 술 냄새가 진동을 하고 저한테 “OO년 돈 벌어와”라고 폭언을 퍼부었습니다.
딸에게 물어보니, 이미 1년 내내 그런 상태이고 동네 주민들이 신고를 해서 수없이 경찰서를 들락날락한 상황이라고 하더군요. 더구나 딸은 둘째를 임신한 상태입니다. 딸도 더 이상 견딜 수 없어서 협의이혼을 신청하였다고 합니다. 그런데 사위가 매일 술에 취한 상태라서 법원에 출석을 하지 않는다고 합니다. 그래서 협의이혼 절차가 진행이 되지 않았다고 하더군요. 이 상황에서 딸이 순조롭게 이혼을 진행할 수 있을까요? 저는 이혼소송이라도 해서 꼭 이혼을 시키고 싶습니다. 딸도 저와 같은 마음입니다. 이미 딸이 살고 있는 월셋집 주변 동네 사람들은 사위에 대한 험담을 일삼고 있었으며, 저는 모든 사실을 알게 되었습니다. 옷을 벗고 동네를 활보한다거나, 임신한 딸에게 돈을 벌어오라고 소주병을 던지면서 내쫓는 행동 등입니다.
당사자가 출석하지 않는 상태에서 협의이혼이 가능한지요? 위 내용은 재판상 이혼사유로 가능한지요?

1. 이혼의 종류

부부는 협의에 의하여 이혼할 수 있으며(민법 제834조), 이혼의 협의가 없을 때에는 부부 중 일방이 재판상 이혼(민법 제840조)을 청구할 수 있습니다. 재판상 이혼은 그 원인을 주장하면서 이혼의 소를 제기하면 혼인관계 해석의 필요성이 없어지는 등의 특별한 사정이 없는 한 소의 이익이 인정됩니다.[101] 협의이혼은 당사자가 가정법원에 협의이혼의사확인신청을 하고 가정법원이 제공하는 안내를 받아 전문상담인과의 상담권고제도를 거쳐 이혼숙려기간을 경과한 후 미성년 자녀가 있는 경우에는 친권자결정에 관한 협의서와 양육비부담조서 등을 작성하여 제출하게 되면 비로소 판사로부터 이혼의사를 확인받을 수 있게 되고 이를 신고함으로써 이혼 절차는 종료하게 됩니다.[102]

2. 협의이혼

부부 사이에 이혼하려는 의사가 있으면, 법원에 이혼신청을 하고 일정 기간이 지난 후 법원의 확인을 받아 행정관청에 이혼신고를 하면 이혼의 효력이 발생합니다. 협의이혼은 진정한 의사로 이혼할 것에 합의해야 합니다. 이때, 부부가 자유로운 의사에 따라 합의한 것으로 충분하며 이혼사유(성격불일치, 불화, 경제문제 등)는 묻지 않습니다. 이혼의사는 가정법원에 이혼의사확인을 신청할 때는 물론이고 이혼신고서가 수리될 때에도 존재해야 합니다. 예를 들어, 가정법원으로부터 협의이혼의사를 확인받았더라도 이혼신고서가 수리되기 전에 이혼의사를 철회한 경우에는 이혼이 성립되지 않습니다. 사안에서 사위의 불출석 행위로 협의이혼에 대한 합치된 의사를 확인할 수 없어 협의이혼은 할 수가 없습니다.

3. 재판상 이혼

협의이혼이 불가능할 때 부부 중 한 사람이 법원에 이혼소송을 제기해서 판결을 받아 이혼할 수 있는데, 이것을 재판상 이혼이라고 합니다. 재판상 이혼이 가능하려면 다음과 같은 사유가 있어야 합니다. ① 배우자에 부정한 행위가 있었을 때 ② 배우자가 악의로 다른 일방을 유기한 때 ③ 배우자 또는 그 직계존속으로부터 심히 부당한 대우를 받았을 때 ④ 자기의 직계존속이 배우자로부터 심히 부당한 대우를 받았을 때 ⑤ 배우자의 생사가 3년 이상 분명하지 아니한 때 ⑥ 기타 혼인을 계속하기 어려운 중대한 사유가 있을 때(민법 제840조)

한편 대법원은 혼인을 계속하기 어려운 중대한 사유란 혼인의 본질인 원만한 부부공동생활 관계가 회복할 수 없을 정도로 파탄되어 그 혼인생활의 계속을 강제하는 것이 일방 배우자에게 참을 수 없는 고통이 되는 것을 말합니다(대법원 2005. 12. 23. 선고 2005므1689 판결). 혼인을 계속하기 어려운 중대한 사유가 있는지는 혼인파탄의 정도, 혼인계속의사의 유무, 혼인생활의 기간, 당사자의 책임유무, 당사자의 연령, 이혼 후의 생활보장이나 그 밖에 혼인관계의 여러 가지 사정을 고려해서 판단됩니다(대법원 2000. 9. 5. 선고 99므1886 판결).

부부간 의무

혼인은 남녀의 애정을 바탕으로 하여 일생의 공동생활을 목적으로 하는 도덕적·풍속적으로 정당시되는 결합으로서 부부 사이에는 동거하며 서로 부양하고 협조하여야 할 의무(민법 제826조)가 있는 것이므로...(중략)...혼인생활 중에 그 장애가 되는 여러 사태에 직면하는 경우가 있다 하더라도 부부는 그러한 장애를 극복하기 위한 노력을 다하여야 할 것이며 일시 부부간의 화합을 저해하는 사정이 있다는 이유로 혼인생활의 파탄을 초래하는 행위를 하여서는 안되는 것이다(대법원 1995.12.22. 95므861).[103]

4. 결론

사안에서 의뢰인의 사위는 알코올 중독 및 전세보증금을 탕진하여 월셋집으로 옮기고 알코올 중독에 빠지는 등 가족에 대한 부양의무 및 협조의무를 이행하지 않았으므로 배우자가 악의로 다른 일방을 유기한 때에 해당하여 재판상 이혼이 가능합니다. 또한 의뢰인의 사위의 폭언 행위와 정신이상 행위는 기타 혼인을 계속하기 어려운 중대한 사유가 있을 때에도 해당할 수 있으므로 재판상 이혼 청구가 가능합니다.

III

이혼과 재산분할

70살 넘은 할머니입니다. 남편과 이혼하고 싶습니다. 남편도 이혼을 원합니다. 20살에 시집와서 남편에게 생활비 한 번 받아본 적이 없습니다. 남편은 40년간 공직생활을 하면서 재산을 많이 축적해 놓았습니다. 20년 전에 매수한 남편 명의의 아파트에서 둘이 살고 있는데, 애들도 다 시집장가 보냈습니다. 남편 지인들 말로는 남편이 경기도 지역에 새 아파트도 가지고 있고, 현금이 많으며, 특히 연금도 많이 수령하는 것으로 알려져 있습니다. 이제 둘이 서로 헤어지고 싶어서 협의이혼을 하고 싶은데, 저는 혼자 살게 되면 돈벌이를 구하지 못하기 때문에 남편에게 얼마를 받을 수 있는지가 궁금합니다.

1. 이혼 시 재산분할청구

'이혼에 따른 재산분할은 혼인 중 쌍방의 협력으로 형성된 공동재산의 청산이라는 성격에 상대방에 대한 부양적 성격이 가미된 제도'(대법원 2001. 2. 9 2000다63516 등)로서 이혼의 일방 당사자는 상대방에 대하여 재산분할을 청구할 수 있습니다. 재산분할청구권은 이혼한 날로부터 2년 내에 행사하여야 하고 그 기간이 경과하면 소멸되어 이를 청구할 수 없는 바, 이때의 2년이라는 기간은 일반 소멸시효기간이 아니라 제척기간으로서 그 기간이 도과하였는지 여부는 당사자의 주장에 관계없이 법원이 조사하여 고려할 사항입니다(대법원 1994. 9. 9 선고 94다

17536 판결).

2. 재산분할청구권의 행사

이혼의 일방배우자가 청구할 수 있으며 유책한 배우자라 할지라도 부부가 혼인 중에 취득한 실질적인 공동재산에 대해 재산분할을 청구할 수 있습니다. 분할방법으로는 ① 당사자 협의에 의한 분할 및 ② 법원에 의한 분할이 있습니다. 당사자 협의에 의한 분할은 재산분할 여부, 그 액수와 방법은 원칙적으로 당사자의 협의에 의해 결정하게 됩니다(제893조의2 제1항, 제843조). 사안에서 남편과 협의를 한 후 이혼을 할 경우 그 협의 내용에 따라 결정됩니다. 협의가 성립하지 않거나 불가능한 때에는 당사자의 청구에 의해 가정법원이 결정합니다(민법 제839조의2 제2항).

[1] 부부의 일방이 혼인 중 그의 명의로 취득한 부동산은 특유재산으로 추정되는 것으로서 그 부동산을 취득함에 있어 상대방의 협력이 있었다거나 혼인생활에 있어 내조의 공이 있었다는 것만으로는 위 추정을 번복할 수 있는 사유가 되지 못하고, 그 부동산을 부부각자가 대금의 일부씩을 분담하여 매수하였다거나 부부가 연대채무를 부담하여 매수하였다는 등의 실질적인 사유가 주장·입증되는 경우에 한하여 위 추정을 번복하고 그 부동산을 부부의 공유로 인정할 수 있다(대법원 1998. 12. 22. 98두15177).
[2] 부부 쌍방의 협력에 의하여 형성된 유형·무형의 자원에 기한 것 또는 그 유지를 위하여 상대방의 가사노동 등이 직·간접으로 기여한 것이라면 그와 같은 사정도 참작하여야 한다는 의미에서 재산분할의 대상이 된다(대법원 2009. 11. 12. 2009므2540).

3. 연금 등이 재산분할청구권의 대상이 되는지 여부

판례는 근로자퇴직급여보장법, 공무원연금법, 군인연금법, 사립학교직원연금법이 각 규정하고 있는 퇴직급여는 사회보장적 급여로서의 성격 외에 임금의 후불적 성격과 성실한 근무에 대한 공로보상적 성격도 지닙니다. 이러한 퇴직급여를 수령하기 위하여는 일정기간 근무할 것이 요구되는 바, 그와 같이 근무함에 있어 상대방 배우자의 협력이 기여한 것으로 인정된다면 그 퇴직급여 역시 부부 쌍방의 협력으로 이룩한 재산으로서 재산분할의 대상이 될 수 있다고 밝히고 있습니다. 그리고 이혼소송의 사실심 변론종결 당시에 부부 중 일방이 공무원 퇴직연금을 실제로 수령하고 있는 경우에 위 공무원 퇴직연금에는 사회보장적 급여로서의 성격 외에 임금의 후불적 성격이 불가분적으로 혼재되어 있으므로 혼인기간 중의 근무에 대하여 상대방 배우자의 협력이 인정되는 이상 공무원 퇴직연금수급권 중 적어도 그 기간에 해당하는 부분은 부부 쌍방의 협력으로 이룩한 재산으로 볼 수 있다고 하면서 부동산과 마찬가지로 재산분할의 대상에 포함될 수 있다는 입장입니다(대법원 전원합의체 2014. 7. 16. 선고 2012므 2888).[104]

4. 재산분할 대상을 찾는 방법

1) 재산명시신청

신청인이 법원에 재산명시신청을 하면 법원은 상대방 당사자에게 일정기간을 정하여 재산 상태를 구체적으로 밝힌 재산목록을 제출할 것을 명합니다. 재산명시 대상 당사자는 제출기간 이내 자신이 보유하고 있는 재산과 자신이 2년 이내 처분한 재산목록을 제출해야 합니다(가사소송규칙 제95조의 4).

2) 재산조회신청

법원의 재산명시명령을 받은 후 재산목록의 제출을 거부하거나 거짓으로 제출한 경우 또는 목록을 제출했지만 부족한 경우 신청인이 법원에 재산조회 신청을 할 수 있습니다.

3) 사실조회신청

상대방 명의 부동산은 법원행정처 등에 사실조회신청을 통해서 찾아낼 수 있고, 상대방이 거래한 은행에 사실조회신청을 하면 입출금 거래내역을 확인할 수 있습니다.

5. 재산분할 비율

재산분할 비율은 공동재산 형성에 기여한 정도에 따라 다릅니다. 재산분할 비율을 정하는 명시적 법률의 기준은 없으나 통상 맞벌이 부부의 경우 50%, 처가 전업주부로 가사를 전담한 경우에는 33% 정도의 기여도를 정하고 있습니다. 사안에서 의뢰인의 혼인기간이 50년 이상인 점에서 협의이혼을 하는 경우 재산분할을 통해 생계유지에 필요한 재산을 받을 수 있습니다.

IV

주택임대차의 대항력 및 임차권등기명령

임대인이 임대차계약기간이 종료되었음에도 불구하고 보증금을 돌려주지 않고 있습니다. 춘천에 있는 대학을 졸업하고, 목포에 있는 직장에 근무하고 있습니다. 대학 재학시절 원룸에 전세로 들어가 살았습니다. 보증금은 2,800만 원을 주었습니다. 확정일자는 2016.1.10.로 받아두었습니다. 어제 등기부등본을 받아보니 건물주가 OO은행으로부터 2018.12.20.에 5억 3천만 원의 담보대출을 받은 사실을 알아내었습니다(건물 시세 7억).

1. 주소가 춘천으로 되어 있는데, 임차보증금을 받지 못한 상황에서 목포로 주소 이전을 하면 위험하지 않을까요?

2. 올해 3월 말까지 기다려달라고 해서 기다렸는데, 아직도 보증금을 주지 않고 있습니다. 법적으로 청구할 수 있는 방법에 대해서 알고 싶습니다.

3. 저 같은 경우 소액임차인에 해당이 되는지요?

1. 주택임대차보호법상 대항력 및 우선변제권

임차권등기 설정이 없으면 민법상 제3자에게 대항할 수 없는 것이 원칙이지만 주택임대차보호법은 임차인의 대항력 및 우선변제권을 민법보다 더 강하게 보호해주고 있습니다. 즉, 주택임대차보호법 제12조는 주택의 등기를 하지 아니한 전세계약에 관하여는 주택임대차법을 준용한다고 규정합니다. 따라서 목적물의 인도 및 전입신고, 확정일자가 있을 경우에는 전세계약이라 하더라도, 주택임대차보호법에 따라 대항력과 우선변제권이 발생합니다. 그러나 주소를 이전할 경우에는 대항력이 소멸될 수 있습니다. 판례는 대항력을 취득한 임차인이 그 가족과 함께 일시적이나마 주민등록을 다른 곳으로 이전하면 전체적으로나 종국적으로 주민등록을 이탈한 것이므로 대항력은 전출로 인해 소멸되고, 그 후 임차인이 다시 임차주택의 주소로 전입신고를 하였더라도 소멸했던 대항력이 회복되는 것이 아니라 새로운 전입신고를 한 때부터 새로운 대항력을 취득한다고 판시한바 있습니다(대법원 1998. 1. 23. 선고 97다43468 판결). 따라서 목포로 주소를 이전하여 주민등록이 이탈될 경우에는 대항력이 상실될 수 있습니다.

2. 주택임대차보호법의 임차권등기명령

주택임대차보호법 제3조의3 제1항은 임대차가 끝난 후 보증금이 반환되지 아니한 경우 임차인은 임차주택의 소재지를 관할하는 지방법원·지방법원지원 또는 시·군법원에 임차권 등기명령을 신청할 수 있다고 규정합니다. 사안과 같은 문제를 해결하기 위해 법원의 집행명령에 따른 등기를 마치면 임차인에게 대항력 및 우선변제권을 유지하게 하면서 임차주택에서 자유롭게 이사할 수 있게 하는 제도로써 임차권등기명령이라고 합니다. 임차권등기 경료하고 10년 동안 임대차보증금반환청구를 하지 않는 경우에는 임차인은 보증금에 대한 권리를 상실하게 됩니다.

3. 보증금반환청구의 소

임대차계약기간이 만료하였고 임대인이 보증금을 반환하지 아니할 경우에는 목적물 반환과 동시이행으로 보증금의 지급을 구하는 보증금 반환청구소송을 진행할 수 있습니다.

4. 소액임차인의 최우선변제권

임차인이 대항력을 갖춘 경우에는 주택임대차보호법 제8조 제1항에 따라 보증금 중 일정액을 다른 담보물권자보다 우선하여 변제받을 권리가 있습니다. 주택임대차보호법 시행령 제11조는 춘천의 경우 보증금 5,000만 원 이하인 소액임차인으로 보호하여, 1,700만 원 한도에서 최우선변제권이 있습니다. 다만, 배당요구의 종기까지 배당요구를 하여야 하며, 경매개시 결정의 등기 전에 대항요건(주택 인도 및 주민등록)을 갖추어야 하고, 배당요구의 종기까지 대항력을 유지하여야 합니다.

5. 결론

사안에서 임차권등기명령제도를 통해 임차권등기를 한 후 춘천에서 목포로 주소를 이전하는 것이 안전하고, 임대인이 보증금 반환을 계속 거부하는 경우 법원에 보증금반환청구 소송을 진행할 수 있습니다. 보증금은 2,800만 원이므로 소액임차인에 해당하여 임차주택에 대한 경매가 진행되더라도 1,700만 원 한도에서는 최우선으로 변제받을 수 있습니다.

V

상해죄와 합의

아내(甲)가 자고 있는 저를 깨우더니 갑자기 집에 누가 쳐들어올 것 같다고 하더군요. 자초지종을 물으니 직장에 친하게 지내는 남성이 있는데 그 남성과 입맞춤을 한 사실을 저에게 털어놓았습니다. 지금 그 남성의 아내(乙)가 저희 집을 찾아온다는 것이었습니다. 乙은 다짜고짜 저희 집 문을 부술 듯이 두드리더니, 문이 열리자마자 甲을 밀쳤습니다. 충격으로 甲은 거실장에 부딪히면서 이마가 5cm 찢어지는 부상을 입었으며, 부상당한 상황에서 보복을 하기 위해 乙의 뺨을 한 대 때렸습니다. 경찰이 출동했고, 상해죄로 둘 다 검찰에 송치된 상태입니다. 甲은 상처 정도가 심하여 전치 4주에 해당하는 진단서를 발급받아 경찰서에 제출하였습니다. 乙은 외관상 아무런 상처가 없음에도 불구하고, 甲과 乙이 모두 상해죄로 송치되었습니다.

1. 乙은 경찰서에 진단서를 제출하지 않았다고 하는데, 이런 경우 甲이 뺨을 때렸다는 이유만으로 상해죄가 성립되는지요?

2. 乙의 남편을 상대로 제가 위자료청구소송을 할 수 있을까요? 입맞춤 이외의 스킨십은 없었다고 합니다.

3. 둘 다 상해죄가 성립되는 경우에 각각 합의서를 작성하여, 검찰에 제출하게 되면, 기소에 참작할 만한 사유가 되는지요?

1. 상해죄 성립 여부

형법 제257조 제1항은 '사람의 신체를 상해한 자는 7년 이하의 징역, 10년 이하의 자격정지 또는 1천만 원 이하의 벌금에 처한다'고 규정하고 있습니다. 상해에 대하여 법원은 '상해죄의 상해는 피해자의 신체의 완전성을 훼손하거나 생리적 기능에 장애를 초래하는 것'을 의미합니다. 다만 '폭행에 수반된 상처가 극히 경미하여 폭행이 없어도 일상생활 중 통상 발생할 수 있는 상처나 불편 정도이고, 굳이 치료할 필요 없이 자연적으로 치유되며 일상생활을 하는 데 지장이 없는 경우에는 상해죄의 상해에 해당된다고 할 수 없다'는 입장입니다. 또한, '피해자의 신체의 완전성을 훼손하거나 생리적 기능에 장애를 초래하였는지는 객관적, 일률적으로 판단할 것이 아니라 피해자의 연령, 성별, 체격 등 신체, 정신상의 구체적 상태 등을 기준으로 판단하여야'한다고 합니다.

따라서 이와 같은 판례의 입장에 따르면, 단순히 뺨을 한 대 때리기만 하였고 굳이 치료할 필요 없이 자연적으로 치유되며 일상생활을 하는 데 지장이 없는 정도라면 상해죄가 성립하지 않을 가능성이 커 보입니다. 다만, 외관상 외상이 없어 보이더라도 乙의 신경, 치아, 관절 등이 손상되어 신체의 완전성이 훼손되거나 생리적 기능에 장애가 초래되는 등의 특별한 사정이 인정된다면 상해죄의 성립 가능성을 배제할 수 없습니다.

2. 제3자를 상대로 위자료를 청구할 수 있는지 여부

부부 간 동거의무·부부공동생활 유지의무의 내용으로서 부부는 부정행위를 하지 아니하여야 하는 성적(性的) 성실의무를 부담하고 있습니다.[105] 그리고 민법 제750조는 '고의 또는 과실로 인한 위법행위로 타인에게 손해를 가한 자는 그 손해를 배상할 책임이 있다'고 규정합니다. 또한 동법 제751조에 따르면 '타인의 신체, 자유 또는 명예를 해하거나 기타 정신상 고통을 가한 자는 재산 이외의 손해에 대하여도 배상할 책임'이 있습니다. 판례도 정신적 손해에 대한 배상인 위자료를 인정하고 있는 입장이므로 乙의 남편과 甲이 입맞춤을 한 사실이 객관적으로 입증된다면 의뢰인의 정신적 손해에 대한 위자료를 청구할 수 있습니다.

제3자는 타인의 부부공동생활에 침해하거나 유지를 방해하는 등 혼인의 본질에 해당하는 부부공동생활을 방해해서는 아니되며, 제3자가 부부 중 일방과 부정행위를 함으로써 혼인의 본질에 해당하는 부부공동생활을 침해하거나 그 유지를 방해하고 그에 대한 배우자로서의 권리를 침해하여 배우자에게 정신적 고통을 가하는 행위는 원칙적으로 불법행위를 구성하게 됩니다(대법원 2014. 11. 20. 2011므2997 전원합의체 판결).

3. 상해죄에 있어서 합의서의 효력 유무

형법상 상해죄는 반의사불벌죄가 아니므로, 피해자가 처벌을 원하지 않는다는 합의서를 제출하더라도 검찰이 기소하는 데에는 원칙적으로 영향이 없습니다. 다만, 「검찰사건사무규칙」 제69조 제3항 제1호에 따르면 피의사실이 인정되더라도 ① 범인의 연령, 성행, 지능과 환경 ② 피해자에 대한 관계 ③ 범행의 동기, 수단과 결과 ④ 범행 후의 정황을 참작하여 소추를 필요로 하지 아니하는 경우에는 검찰이 기소유예를 할 수 있습니다. 따라서 상해의 정도가 경미하고 甲과 乙이 각각 처벌을 원하지 않는다는 취지의 합의서를 제출한 경우에는 검찰이 甲에 대한 기소유예 처분을 내릴 가능성도 있습니다.

VI

인터넷과 음란게시물

졸업을 앞두고 있는 4학년 학생입니다. 어제 OO학과 4학년 단톡방에 이상한 글과 사진이 올라왔습니다. A군이 B군을 얼굴과 인터넷에서 캡쳐한 것으로 보이는 여성의 나체를 합성하여 단톡방에 올린 것입니다. 저와 관련된 글과 사진은 아니었지만 여학생으로써 수치심을 느꼈습니다. 사진을 올리면서 "OO하게 생겼다"라는 글까지 함께 올렸습니다. B군은 사진을 삭제할 것을 종용하였으나, A군은 대수롭지 않다는 듯이 그대로 단톡방에 게시해 놓았으며 현재까지도 단톡방의 구성원이라면 글과 사진을 어렵지 않게 볼 수 있습니다. A군과 B군 모두 저와는 학과동기 이상의 친분이 없지만, 한 번 본 사진과 글의 내용이 저의 머릿속을 떠나지 않습니다. 이 경우 A군의 행위를 평가할 수 있는 법규정을 알고 싶습니다. 또한, 저처럼 두 학생과 특별한 관련이 없는 사람들도 A군의 행위로 인한 피해자로 볼 수 있는지도 알고 싶습니다.

1. 관련 법률

1) 정보통신망 이용촉진 및 정보보호 등에 관한 법률

정보통신망 이용촉진 및 정보보호 등에 관한 법률 제44조의7 제1항 제1호에서는 "누구든지 정보통신망을 통하여 음란한 부호·문언·음향·화상 또는 영상을 배포·판매·임대하거나 공공연하게 전시하는 내용의 정보를 유통하여서는 아니 된다"라고 규정하고 있으며, 우리 대법원은 “정보통신망 이용촉진 및 정보보호 등에 관한 법률 제44조의7 제1항 제1호에서 규정하고 있는 ‘음란’이라 함은 사회통념상 일반 보통인의 성욕을 자극하여 성적 흥분을 유발하고 정상적인 성적 수치심을 해하여 성적 도의관념에 반하는 것을 말하며 이는 표현물을 전체적으로 관찰·평가해 볼 때 단순히 저속하다거나 문란한 느낌을 준다는 정도를 넘어서 존중·보호되어야 할 인격을 갖춘 존재인 사람의 존엄성과 가치를 심각하게 훼손·왜곡하였다고 평가할 수 있을 정도로 노골적인 방법에 의하여 성적 부위나 행위를 적나라하게 표현 또는 묘사한 것으로서, 사회통념에 비추어 전적으로 또는 지배적으로 성적 흥미에만 호소하고 하등의 문학적·예술적·사상적·과학적·의학적·교육적 가치를 지니지 아니하는 것을 뜻한다고 하면서 표현물의 음란 여부를 판단함에 있어서는 표현물 제작자의 주관적 의도가 아니라 그 사회의 평균인의 입장에서 그 시대의 건전한 사회 통념에 따라 객관적이고 규범적으로 평가하여야 한다(대법원 2008. 3. 13. 선고 2006도3558 판결 등 참조)”라고 판시한 바 있습니다.

사안의 경우 A군이 온라인 커뮤니티에 B군의 얼굴과 인터넷에서 캡처한 것으로 보이는 여성의 나체를 합성하여 올린 글과 사진의 내용은 사회통념상 일반 보통인의 성욕을 자극하여 성적 흥분을 유발하고 정상적인 수치심을 해하여 성적 도의관념에 반하는 것으로서 전적으로 또는 지배적으로 성적 흥미에만 호소하고 하등의 문학적·예술적·사상적·과학적·의학적·교육적 가치를 발견할 수 없는 것으로 평가될 수 있습니다.

또한, A군이 온라인 커뮤니티에 B군의 얼굴과 인터넷에서 캡처한 것으로 보이는 여성의 나체를 합성하여 올린 글과 사진의 내용을 전체적으로 관찰·평가해 볼 때 단순히 저속하다거나 문란한 느낌을 준다는 정도를 넘어서 노골적인 방법에 의하여 성적 부위나 행위를 적나라하게 표현 또는 묘사한 것으로서 존중·보호되어야 할 인격을 갖춘 존재인 사람의 존엄성과 가치를 심각하게 훼손·왜곡하였다고 평가할 수 있다면 A군이 온라인 커뮤니티에 B군의 얼굴과 인터넷에서 캡처한 것으로 보이는 여성의 나체를 합성하여 올린 글과 사진의 내용은 정보통신망 이용촉진 및 정보보호 등에 관한 법률 제44조의7 제1항 제1호에서 규정하고 있는 '음란'의 개념에 포함된다고 할 수 있습니다.

그러므로 A군의 행위는 정보통신망 이용촉진 및 정보보호 등에 관한 법률 제44조의7 제1항 제1호에서 금지하고 있는 정보통신망을 통하여 음란한 부호·문언·음향·화상 또는 영상을 배포·판매·임대하거나 공공연하게 전시하는 내용의 정보를 유통하는 행위에 해당할 수 있습니다.

2) 성폭력범죄의 처벌 등에 관한 특례법

성폭력범죄의 처벌 등에 관한 특례법 제13조(통신매체를 이용한 음란행위)는 "자기 또는 다른 사람의 성적 욕망을 유발하거나 만족시킬 목적으로 전화, 우편, 컴퓨터, 그 밖의 통신매체를 통하여 성적 수치심이나 혐오감을 일으키는 말, 음향, 글, 그림, 영상 또는 물건을 상대방에게 도달하게 한 사람은 2년 이하의 징역 또는 500만 원 이하의 벌금에 처한다"라고 규정하고 있습니다.

사안의 경우 A군이 온라인 커뮤니티에 B군의 얼굴과 인터넷에서 캡처한 것으로 보이는 여성의 나체를 합성하여 글과 사진을 올린 행위는 자기 또는 다른 사람의 성적 욕망을 유발하거나 만족시킬 목적으로 전화, 우편, 컴퓨터, 그 밖의 통신매체를 통하여 성적 수치심이나 혐오감을 일으키는 말, 음향, 글, 그림, 영상 또는 물건을 온라인 커뮤니티에 속해있는 의뢰인을 포함한 상대방들에게 도달하게 한 행위이므로 성폭력범죄의 처벌 등에 관한 특례법 제13조의 적용을 받는 행위에도 해당할 수 있습니다.

2. 불법행위 성립 여부

불법행위의 성립요건으로는 고의 또는 과실, 위법성, 손해의 발생, 인과관계가 있습니다. A군은 적어도 미필적 고의에 해당하는 것으로 볼 수 있습니다. 나아가 대학 내 온라인 커뮤니티(단톡방)에서 발생한 사건으로 피해자들이 침해받는 법익은 '인격권', '학습권', '성적자기결정권'이 해당합니다.[106] 대법원은 "성폭력처벌법 제13조에서 정한 '통신매체이용음란죄'는 '성적자기결정권에 반하여 성적 수치심을 일으키는 그림 등을 개인의 의사에 반하여 접하지 않을 권리'를 보장하기 위한 것으로 성적자기결정권과 일반적 인격권의 보호, 사회의 건전한 성풍속 확립을 보호법익으로 한다(대법원 2017. 6. 8. 선고 2016도21389 판결)"라고 판시한 바 있습니다.

사안에서 A군은 자기 또는 다른 사람의 성적 욕망을 유발하거나 만족시킬 목적으로 의뢰인 등이 가입되어 있는 ㅇㅇ학과 온라인 커뮤니티에 B군의 얼굴과 인터넷에서 캡처한 것으로 보이는 여성의 나체를 합성한 사진과 "ㅇㅇ하게 생겼다"는 등의 글을 올렸습니다. 이러한 행위는 통신매체를 통하여 단톡방 참가자들에게 성적 수치심을 일으키는 그림 등을 도달하게 한 것입니다. 그로 인해 '성적자기결정권에 반하여 성적 수치심을 일으키는 그림 등을 개인의 의사에 반하여 접하지 않을 권리'를 침해받았으므로 성적자기결정권 및 일반적 인격권 등의 법익 침해가 있으며 그러한 점에서 피해자로 볼 수 있습니다.

VII

임대차보증금반환과 공동소송

8층 상가건물 중 2층 두 채(203호 및 204호)를 임차하여 횟집을 운영하고 있었습니다. 이 횟집은 2016. 2. 1.부터 2018. 1. 31.까지 작은아버지가 운영하시던 것이었는데, 암에 걸리셔서 그만두신 것을 2018. 2. 1.부터 2019. 1. 31.까지 어머니께서 운영하셨습니다. 운영난을 겪으신 어머니는 2019. 2. 1.에 그만두기로 결정하시고 203호 및 204호 임대인에게 보증금을 청구하였습니다. 작은아버지의 상가임대차 계약서에는 2016. 2. 1.부터 2019. 1. 31.까지로 계약기간이 명시되어 있습니다. 계약 당시 203호 및 204호의 주인이 동일인이었으나, 204호는 2018. 1. 1.에 다른 사람 명의로 변경되었습니다. 204호 소유자는 203호 소유자의 딸입니다. 임대인들에게 보증금을 청구하였으나, 현재까지 받지 못하는 형편입니다. 이에 따라 임대차보증금반환청구소송을 하려고 소장을 작성하였는데, 궁금한 점이 있어서 문의 드립니다.

1. 바뀐 204호 소유자에게도 임대차보증금반환청구소송을 제기할 수 있는지요? 가능하다면 이런 경우에 하나의 소장에 두 명의 피고를 작성해도 무방한지요?

2. 2019. 2. 1.이후로 현재까지의 지연손해금을 주장할 수 있을까요?

1. 새 소유자에게 보증금 반환을 요구할 수 있는지 여부

상가건물 임대차는 그 등기를 하지 않았다 하더라도 임차인이 상가건물을 인도받았고, 사업자등록을 신청했다면 그 다음날부터 제3자에 대해 대항력을 주장할 수 있습니다(상가건물 임대차보호법 제3조 제1항 참조). 이에 따라 대항력을 갖춘 임차인은 상가건물이 매매, 경매 등의 원인으로 소유자가 변경된 경우에도 새로운 소유자에게 임차인으로서의 지위를 주장할 수 있습니다(상가건물 임대차보호법 제3조 제2항).

이에 따라 임차건물의 양수인이 임대인의 지위를 승계하면 양수인은 임차인에게 임대보증금반환의무를 부담하고 임차인은 양수인에게 차임지급의무를 부담합니다. 대법원은 상가건물의 임차인이 상가건물 임대차보호법 제3조에서 정한 대항력을 취득한 다음 건물의 소유자가 변동되어 양수인이 임대인의 지위를 승계한 경우, 임대차관계가 종료되어 임차인에게 임대차보증금을 반환해야 할 때 임대인의 지위를 승계하기 전까지 발생한 연체차임이나 관리비 등도 임대차보증금에서 당연히 공제된다고 판결하면서 그 계속성을 인정하였습니다(대법원 2017. 3. 22. 선고 2016다218874 판결). 따라서 대항력을 갖추었다면 보증금 반환청구는 가능해 보입니다.

2. 공동소송

동종임대차 계약에 의한 두 명의 임대인에 대한 보증금 반환청구로 민사소송법 제65조에 의해 공동소송을 할 수 있습니다. 또한 민사소송법 제253조에 의해 두 피고에 대한 청구는 같은 종류의 소송절차에 따르므로 하나의 소로 제기할 수 있습니다.

민사소송법 제65조(공동소송의 요건)

소송목적이 되는 권리나 의무가 여러 사람에게 공통되거나 사실상 또는 법률상 같은 원인으로 말미암아 생긴 경우에는 그 여러 사람이 공동소송인으로서 당사자가 될 수 있다. 소송목적이 되는 권리나 의무가 같은 종류의 것이고, 사실상 또는 법률상 같은 종류의 원인으로 말미암은 것인 경우에도 또한 같다.

민사소송법 제253조(소의 객관적 병합)

여러 개의 청구는 같은 종류의 소송절차에 따르는 경우에만 하나의 소로 제기할 수 있다.

제65조 후문은 본조의 전문보다 넓은 요건에 해당합니다. 즉, 소송목적이 되는 권리의무가 같은 종류의 것이고 사실상 또는 법률상 같은 종류의 원인으로 말미암은 때라 함은 보험계약상의 청구, 여러 사람에 대한 주금납입청구, 다수의 임차인에 대해 각 임대료 청구, 여러 통의 이음의 발행인에 대한 각 별개의 어음금청구, 임대차관계가 없는 불법점유자와 임대차계약종료 후의 불법점유자를 공동피고로 한 각 명도 청구, 같은 종류의 매매계약에 기해 여러 사람의 매수인에게 대금지급을 청구하는 경우를 그 예로 들 수 있습니다.[107] 따라서 두 명에 대한 임대차보증금반환청구는 통상공동소송에 해당하여 하나의 소장을 통해 진행할 수 있습니다.

3. 지연손해금 가능 여부

보증금은 부동산임대차, 특히 건물임대차에 있어서 임대인의 채권을 담보하기 위하여 임대인 등에게 교부하여 금전 기타의 유가물로 임차인의 보증금반환청구권은 임대차목적물 인도의무와 동시이행관계에 있습니다. 본래 보증금이 건물 인도 시까지의 채권을 담보하는 것이라면 건물인도의무가 선이행의무라고 하는 것이 자연스럽지만 그렇게 해석하면 임차인은 보증금을 반환받기가 어려워질 수 있으므로 판례는 임대차목적물 인도 시까지의 채권을 담보한다고 하면서도 두 당사자의 채무가 동시이행관계에 있다고 밝히고 있습니다.[108] 그렇다면 임대차목적물 인도 이전에는 지연손해금을 청구할 수 없음이 원칙입니다. 따라서 임대차계약이 종료한 이후에 상가를 임대인들에게 인도하고 퇴거하였다면 보증금에 지연이자를 더하여 받을 수 있지만, 보통 임차인이 보증금을 받지 않은 상태에서 목적물을 인도하는 경우는 것의 없으므로 인도하지 않았을 경우에 지연이자가 발생하지 않습니다.

VIII

부동산이전과 대출금채무의 승계

> 오빠가 결혼을 합니다. 혼자 사는 아파트에 1억 4천만 원의 은행 담보대출 건이 있는데, 결혼하는 신부한테는 비밀로 해두었으니 저보고 명의를 가져가라고 합니다. 본인은 새 아파트에 입주해야 하는데, 신혼부부 담보대출이 이자가 낮다며, 기존에 있던 대출을 동생인 저에게 넘기려고 하는 것입니다. 오빠는 나이가 많습니다. 눈 딱 감고 다시 오지 않을지도 모르는 오빠의 결혼 기회를 날릴까봐 두려워서 제가 그냥 그 아파트의 소유권을 저에게 이전시키려고 합니다. 이러한 경우 담보 대출금(1억 4천만 원)과 대출 조건도 저에게 자동적으로 승계되나요?

부동산을 이전 받는다고 하여 그 부동산을 담보로 한 대출금 채무가 당연히 승계되는 것은 아닙니다. 이러한 경우 대출금 채무를 승계받기 위해서는 별도의 채무인수계약이 필요합니다. 채무인수의 구체적인 형태는 당사자의 의사해석에 달려있는데, 사안에서 오빠가 아파트를 증여하고자 하는 이유는 기존의 아파트 담보대출에서 벗어나 신혼부부 담보대출을 새로이 받고자하기 위함임을 알 수 있습니다. 이는 오빠가 기존 담보대출의 채무자의 지위에서 벗어나고, 의뢰인이 새로운 채무자의 지위를 취득하는 것을 의미하므로 당사자들의 의사를 고려할 경우 대출금의 승계란 면책적 채무인수를 의미합니다.

그런데 면책적 채무인수의 경우에는 채권자의 승낙이 필요합니다

(민법454조).

민법 제454조(채무자와의 계약에 의한 채무인수)

① 제삼자가 채무자와의 계약으로 채무를 인수한 경우에는 채권자의 승낙에 의하여 그 효력이 생긴다.

② 채권자의 승낙 또는 거절의 상대방은 채무자나 제삼자이다.

즉, 채무자·인수인 간의 계약은 채권자의 채권에 대한 처분행위이고 그 효력발생을 위하여는 채권자의 승낙이 필요합니다.[109] 따라서 채권자인 은행의 승낙 없이 단순한 소유권이전등기만을 할 경우 대출금의 자동승계는 이루어지지 않기 때문에, 당사자가 원하는 바와 같이 면책적 채무인수를 하기 위해서는 기존 대출금의 채권자인 은행의 승낙을 얻어야 합니다.

IX

사기 피해의 회복

남동생이 인터넷방송에 유명 BJ로부터 사기를 당했습니다. 리OO라는 게임을 굉장히 잘하는 BJ였으며, 방송을 통해 자기가 지금까지 키워준 게임 캐릭터들에 대해서 자랑을 했습니다. 그 말을 믿었던 저는 그 사람에게 게임머니로 총 1,000만 원 상당의 O글카드를 지급하고 저의 게임 아이디와 비번을 알려준 후, 키워달라고 했습니다. 그런데 한 달이 지나도록 그 BJ가 저의 아이디에 접속한 기록이 전혀 없어서 O글카드를 돌려달라고 하니까 묵묵부답입니다. 더 어이가 없는 것은 아직도 BJ를 하고 있습니다. 제가 대화창에 사기꾼이라고 믿지 말라고 하는데, BJ는 저 말고 다른 게임 캐릭터를 키워준 내역을 제시하면서 저를 바보 취급합니다. 아직도 많은 사람들이 당하고 있다고 생각합니다. 이 BJ를 형사처벌할 수 있는지 여부와 저의 돈을 되찾을 수 있는 방법을 여쭙습니다.

1. 사기죄 성립 여부

형법 제347조(사기)

① 사람을 기망하여 재물의 교부를 받거나 재산상의 이익을 취득한 자는 10년 이하의 징역 또는 2천만 원 이하의 벌금에 처한다.

② 전항의 방법으로 제삼자로 하여금 재물의 교부를 받게 하거나 재산상의 이익을 취득하게 한 때에도 전항의 형과 같다.

사기죄의 구성요건으로 기망이란 재산상의 거래관계에 있어서 서로 지켜야 할 신의와 성실의 의무를 저버리는 행위를 말합니다(대법원 1983. 12. 27. 선고 83도2641판결 참조). 사안에서 상대방이 대신 게임을 해서 게임 캐릭터를 대리육성해 줄 것처럼 의뢰인을 기망하여 착오에 빠뜨리고, 이에 따라 게임머니로 총 1,000만 원 상당의 O글카드를 교부받아 취득하였으므로 사기죄에 해당됩니다.

2. O글카드의 반환청구 방법

의뢰인이 형사 고소를 한 후 사기죄의 성립이 인정되는 경우에는 상대방과 합의를 해서 합의금을 받는 것으로 손해를 회복할 수 있지만, 형사절차와 별도로 민사소송절차에 따라 상대방에게 불법행위를 원인으로 한 손해배상청구를 할 수 있습니다. 3,000만 원을 초과하지 않는 금전, 그 밖의 대체물이나 유가증권의 일정한 수량지급을 목적으로 하는 사건의 경우 소송을 신속하고 간편하게 할 수 있는 '소액사건심판법'에 따라 소송절차를 진행할 수 있습니다.

소액사건심판규칙 제1조의2(소액사건의 범위)

법 제2조 제1항에 따른 소액사건은 제소한 때의 소송목적의 값이 3,000만 원을 초과하지 아니하는 금전 기타 대체물이나 유가증권의 일정한 수량의 지급을 목적으로 하는 제1심의 민사사건으로 한다. 다만, 다음 각호에 해당하는 사건은 이를 제외한다.

1. 소의 변경으로 본문의 경우에 해당하지 아니하게 된 사건
2. 당사자참가, 중간확인의 소 또는 반소의 제기 및 변론의 병합으로 인하여 본문의 경우에 해당하지 않는 사건과 병합심리하게 된 사건

소액사건의 소제기는 말로 하거나 당사자가 직접 소장을 작성하는

방식으로 할 수 있습니다. 말로 소제기를 하고자 할 경우에는 소송에 필요한 증거서류와 도장, 인지대, 송달료 등을 준비하고 상대방의 주소, 성명을 정확히 알아서 법원 소장접수 담당사무관 등에게 제출하고 면전에서 진술하면 법원사무관 등이 제소조서를 작성하게 됩니다(소액사건심판법 제4조). 만약 상대방과 관련한 정보들을 모르는 경우 소를 제기함과 동시에 사실조회 신청을 하여 상대방의 신상정보를 알 수 있습니다. 주민등록번호를 모른다면 휴대폰번호나 은행계좌번호 등 다른 인적사항으로 사실조회 신청을 하면 됩니다. 그리고 직접 소장을 작성하여 제출하고자 할 경우에는 관할지방법원, 지원 또는 시·군 법원 민원실에서 양식을 교부받아 소장작성 요령에 따라 작성하여 제출하면 됩니다. 또한 소액사건심판절차에서는 일반 민사사건의 재판과는 달리 당사자의 배우자, 직계혈족, 형제자매는 법원의 허가 없이도 소송대리인이 될 수 있습니다. 이 경우 신분관계를 증명할 수 있는 가족관계증명서 또는 주민등록등본 등으로 신분관계를 증명하여야 합니다.

소액사건심판법 제8조(소송대리에 관한 특칙)

① 당사자의 배우자·직계혈족 또는 형제자매는 법원의 허가없이 소송대리인이 될 수 있다.

② 제1항의 소송대리인은 당사자와의 신분관계 및 수권관계를 서면으로 증명하여야 한다. 그러나 수권관계에 대하여는 당사자가 판사의 면전에서 구술로 제1항의 소송대리인을 선임하고 법원사무관등이 조서에 이를 기재한 때에는 그러하지 아니하다.

X

부동산인도소송

시어머니는 본인 명의의 8층 상가 건물을 남겨둔 채 사망하셨습니다(1999년 4월). 남편을 비롯한 형제 · 자매들은 총 4남 2녀입니다. 남편은 이 건물의 관리는 물론 재산세까지 도맡아 납부하였습니다. 명의는 아직 시어머니 것으로 남아 있습니다. 그런데 1층 상가에 세 들어 살던 사람이 야반도주를 하였습니다. 벌서 야반도주한 지 10개월이 되어 가고 있습니다. 새로운 세입자를 얻기 위해서는 인도소송 같은 걸 해야한다던데, 이게 무엇인지 궁금합니다. 또한, 아직 상가 건물 명의가 시어머니로 되어 있기 때문에 원고를 어떻게 정해야 할지 모르겠습니다.

1. 부동산인도소송

부동산인도소송이란 임차인 등 부동산의 점유자가 임대차 계약의 종료 등 그 점유의 권한을 상실하였는데도 자발적으로 부동산의 점유를 인도하지 않을 경우 그 부동산을 비우고 넘겨달라는 의도로 제기하는 소송을 의미하는데, 사안의 경우처럼 세입자가 야반도주를 하는 경우에도 부동산인도소송을 통해 구제받을 수 있습니다. 만약 법적인 절차를 밟지 않고 임의로 문을 열고 들어가 세입자의 가재도구 등을 옮기거나 치우면 도리어 의뢰인이 재물손괴죄나 주거침입죄로 고소를 당할 수 있으니 조심해야 합니다. 부동산인도소송을 제기하기 위해서 중요한 점은

'임대차 계약의 종료 등 부동산 점유자가 부동산을 점유할 권한을 상실하였을 것'이 요구된다는 것입니다. 사안의 경우 상가건물임대차보호법 제10조의8에 따르면 통상 3개월 분 이상의 임대료를 연체하는 경우 임대인은 계약의 해지를 주장할 수 있으므로 부동산인도소송을 청구하면서 임대차계약의 해지를 주장하면 됩니다.

2. 점유이전금지 가처분 신청

부동산인도소송을 할 때에는 반드시 점유이전금지가처분 신청을 함께 하는 것이 좋습니다. 점유이전금지가처분이란 현재 야반도주한 임차인이 다른 제3자에게 부동산의 점유권을 넘기는 행위를 금지하도록 하는 보전처분입니다. 인도소송 중에 만약 기존의 야반도주한 임차인이 '내가 사정상 못 살게 됐으니 싼값에 당신에게 넘기겠다'라는 등 다른 사람과 전대차 계약을 체결하여 점유를 넘기게 되면 인도소송에서 승소한다고 하더라도 새로운 점유자인 제3자에게는 효력이 미치지 않기 때문에 인도소송 자체가 무용지물이 될 수 있기 때문입니다. 이런 경우 다시 새로운 점유자인 제3자를 상대로 인도소송을 새로 진행해야 하는 불상사가 생기지만, 점유이전금지가처분을 진행했다면 위와 같은 문제를 방지할 수 있습니다. 인도소송에서 승소한 후에는 따로 강제집행을 신청하여 집행절차를 밟아야 합니다. 승소 후 강제집행문을 발급받아 법원 집행관에게 강제집행을 신청하면 됩니다.

3. 누가 소송을 제기해야 하는지

상속인들이 원고가 되어 소송을 제기해야 합니다.

XI

신용카드의 부정사용

지하철에서 체크카드를 도난당했는데, 일주일 전 밤에 그 카드로 햄버거 50만 원어치가 결제된 문자가 왔습니다. 잠도 이루지 못하고 부랴부랴 경찰에 신고를 했습니다. 오늘 경찰에 다시 가니까 CCTV가 확보되지 않아서 범인을 찾을 수 없다고 하더군요. 그래도 주변 수사를 통해서 검거에 노력을 한다는 말을 들었습니다. 만약 범인을 잡을 경우, 범인은 무슨 죄에 해당하나요? 햄버거 결제금액인 50만 원을 범인에게 돌려받기 위해서는 무슨 조치를 취해야 하나요.

1. 관련 법률

우선 범인은 여신전문금융업법 제70조 제1항 제3호 소정의 '분실하거나 도난당한 신용카드나 직불카드(체크카드)를 사용한 자'에 해당하므로 신용카드부정사용죄에 해당하여 7년 이하의 징역 또는 5천만 원 이하의 벌금형에 처해질 수 있습니다. 그리고 체크카드를 절취한 후 이를 사용한 경우에는 새로운 법익침해행위로 보아야 하고 그 법익침해가 절도범행보다 큰 것이 대부분이므로 위와 같은 부정사용행위가 절도범행의 불가벌적 사후행위가 되는 것은 아닙니다.

불가벌적 사후행위

수개(數個)의 행위가 시간적 선후관계를 이루어 각각 범죄를 구성하는 사실로서의 형식 내지 외관을 갖추고 있지만 내용적·실직적으로는 선행행위에 대한 불법판단이 사후행위에 대한 그것을 이미 포함하고 있는 것으로 평가되는 경우 그 사후행위110)

따라서 절취 또는 습득한 타인의 체크카드를 사용할 경우에는 '여신전문금융업법'의 신용카드부정사용죄 외에도 '형법'의 사기죄, 절도죄 등(형법 제347조, 제329조)도 성립이 가능합니다. 판례는 습득한 타인의 신용카드로 물건을 구매한 사안에서는 "신용카드부정사용죄나 사기죄는 그 보호법익이나 행위의 태양이 전혀 달라 실체적 경합관계에 있다"라고 판시하여 신용카드부정사용죄 외에 사기죄를 인정한 바 있고(대법원 1996. 7. 12. 96도1181), 타인의 신용카드로 현금인출기에서 현금을 인출한 사안에서는 신용카드부정사용죄와 절도죄를 인정한 바 있습니다(95도997). 의뢰인의 경우 범인이 카드를 절취한 후 햄버거 구매대금으로 50만 원을 결제한 것이므로 절도죄와 신용카드부정사용죄, 사기죄를 인정할 수 있을 것입니다.

2. 햄버거 결제금액을 돌려 받기 위한 방법

햄버거 결제금액을 돌려받으려면 원칙적으로 민사소송을 제기하여 피해액을 배상받아야 합니다. 그런데 피해액이 적은 경우 민사소송을 하는 실효성을 따져보아야 합니다. 사안의 경우처럼 소송의 목적이 되는 피해액이 적은 때에는 보통 당사자 사이에 합의를 하여 합의금을 받거나 형사소송 도중에 합의를 해서 합의금을 받는 것으로 해결하는 것이 보통입니다. 따라서 합의를 통해 피해액을 배상받는 것이 경제적, 시간적인 면에서 더 합리적인 방법입니다.

XII

도로 통행을 막는 교통방해

甲은 A토지를 소유하고 있습니다.
乙은 B토지를 소유하고 있습니다.
乙이 B토지 출입구까지 가려면 A토지의 일부를 밟고 지나가야 합니다. 어제 甲과 乙이 상린관계로 말다툼을 벌이던 끝에 甲은 A토지 중 乙이 통행로로 사용하는 곳에 커다란 말뚝을 설치하여 乙이 통행하지 못하도록 기다란 줄을 걸어 놓았습니다.
乙은 甲의 행동이 법에 저촉된다고 생각하여 경찰에 신고하였습니다. 신고를 받고 출동한 경찰은 乙에게 甲의 행동이 범죄가 되기 위해서는 도로를 막았다는 적극적 의사표시가 입증되어야 한다고 하였습니다. 경찰이 甲을 불러 말뚝을 설치하고 기다란 줄을 걸어 놓은 이유가 무엇이냐고 묻자, 乙이 통행하지 못하게 하기 위해서였다고 했습니다.

1. 甲은 무슨 죄에 해당하나요?

2. 경찰은 甲을 입건하지 아니하고 말뚝을 제거할 것만 종용한 후, 자리를 떠났습니다. 이후에 甲이 또 이러한 행동을 했을 경우에 경찰은 아무 잘못이 없나요? 애초에 이런 잘못을 한 경우 경찰은 甲을 입건해야 할 의무가 있는 것은 아닌지요?

1. 형법상 교통방해죄

형법 제185조(일반교통방해)

육로, 수로 또는 교량을 손괴 또는 불통하게 하거나 기타 방법으로 교통을 방해한 자는 10년 이하의 징역 또는 1천 500만 원 이하의 벌금에 처한다.

형법 제185조는 일반교통방해를 규정하면서 구성요건으로 '기타 방법'을 명기하고 있습니다. '기타 방법'과 같은 예시적 입법형식이 명확성의 요구를 충족하려면 입법자가 행위유형을 충분히 예시하였는가와 입법 당시 행위유형을 충분히 구체적으로 예시할 수 있었는가의 두 가지 기준을 충족해야 합니다.[111] 이 점에서 형법 제185조의 구성요건으로 '기타 방법'은 명확성의 원칙에 반하는 것으로 볼 수 있습니다.

이에 대하여 헌법재판소는 "기타의 방법이란 육로 등을 손괴하거나 불통하게 하는 행위에 준하여 의도적으로, 또한 직접적으로 교통장애를 발생시키거나 교통의 안전을 위협하는 행위를 하여 교통을 방해하는 경우를 의미하는 것으로 볼 수 있다"라고 보아 제한적으로 해석할 필요가 있음을 밝혔고, "육로 자체를 손괴한 것은 아니지만, 교통표지 등 시설물이나 도로 위의 차량 등을 손괴· 연소케 하는 행위나 다른 차량으로의 계획적인 충돌행위 등은 행위자의 의도와 행위 당시의 상황 등 구체적 사실관계에 따라 기타의 방법에 해당하는 것으로 볼 수 있다"라고 해석기준을 제시하였습니다.[112]

사안에서 甲이 말뚝과 줄을 이용하여 통행을 방해한 구역이 공용된 장소 혹은 공공성을 지닌 도로라면 형법상 교통방해죄가 성립될 수 있습니다. 판례는 형법 제185조의 '육로'에 대해서 일반공중의 왕래에 공용된 장소로서 특정인에 한하지 않고 불특정 다수인 또는 차마가 자유롭게 통행할 수 있는 공공성을 지닌 장소라고 해석하고 있습니다. 공공성을 지닌 장소이기만 하다면 통행인의 많고 적음 등은 문제가 되지 않습니다. 다만 개인이 자신의 사유지에 진입하는 통로로 혼자 사용하는 등 일반공중의 왕래에 공용된 장소가 아닌 경우에는 교통방해죄에 해당되지 않는다고 보고 있습니다.

2. 민법상 주위토지통행권

우리 민법은 인접한 부동산의 경우 제각각의 소유자가 무제한적으로 자신의 소유권만을 주장하여 다른 부동산의 이용을 방해하는 것을 막기 위해 상린관계에 대한 규정을 두고 있습니다. 따라서 공용으로 사용되는 길이 아니기 때문에 甲의 행위가 교통방해죄가 성립되지 않는다고 하여도 주위토지통행권이 성립이 가능합니다. 즉, 어느 토지가 다른 토지에 의하여 포위되어 다른 토지를 이용하지 않고는 공로로 나갈 수 없는 경우에 이를 그대로 둔다면 피포위지의 경제적 효용을 상실하므로 이를 구제하기 위한 것이 주위토지통행권입니다.[113] 통상 당사자 사이의 협의를 통하여 통행문제가 해결될 수도 있겠지만, 당사자 사의의 협의를 통해 별도의 권리를 설정받지 않더라도 법률상 당연히 그 토지를 위한 통행권이 인정되는 것을 의미하며, 민법 제219조와 제220조에서 규정하고 있습니다.[114]

민법 제219조(주위토지통행권)

① 어느 토지와 공로 사이에 그 토지의 용도에 필요한 통로가 없는 경우에 그 토지소유자는 주위의 토지를 통행 또는 통로로 하지 아니하면 공로에 출입할 수 없거나 과다한 비용을 요하는 때에는 그 주위의 토지를 통행할 수 있고 필요한 경우에는 통로를 개설할 수 있다. 그러나 이로 인한 손해가 가장 적은 장소와 방법을 선택하여야 한다.

② 전항의 통행권자는 통행지 소유자의 손해를 보상하여야 한다.

사안에서 乙이 B토지 출입구까지 가려면 A토지의 일부를 지나갈 수밖에 없는 상황이라면, 주위토지통행권이 인정될 수 있습니다. 이에 따라서 법원에 통행방해를 금지시켜달라고 요구할 수 있고, 사안이 긴급한 경우에 한하여 통행방해금지가처분신청도 가능합니다.

3. 경찰관의 권한불행사에 대한 판단

乙이 이용해야하는 A토지의 일부분이 공용의 도로에 속한 경우 교통방해죄가 성립합니다. 경찰은 범죄의 예방, 수사 등을 수행하여 국민의 생명, 신체 및 재산보호의 직무를 수행하도록 되어 있습니다(경찰관직무집행법 제1조, 제2조). 이를 위해 경찰관직무집행법, 형사소송법 등에는 경찰에게 여러 권한을 부여하고 있고, 구체적인 직무의 수행은 경찰관의 합리적인 재량에 위임되어 있습니다. 권한의 행사는 경찰의 재량행위이기 때문에 경찰관이 자신의 권한을 불행사하였다고 하더라도 바로 위법하게 되지는 않습니다.

다만 경찰관에게 권한을 부여한 취지와 목적에 비추어 볼 때 구체적인 사정에 따라 경찰관이 권한을 행사하여 필요한 조치를 하지 아니하는 것이 현저하게 불합리하다고 인정되는 경우에는 권한의 불행사는 직무상 의무를 위반한 것이 되어 위법하게 됩니다. 재량권 수축의 성립요건으로는 ① 위험의 중대·절박성 ② 예견가능성 ③ 회피가능성 ④ 보충성 ⑤ 기대가능성이 고려될 수 있습니다. 중대한 위험일 뿐만 아니라 절박한 위험이어야 경찰의 작위의무가 인정될 수 있다고 할 수 있지만, 가령 중대성이 강하면 절박성이 다소 떨어지더라도 작위의무가 인정될 수 있고, 그 밖에 다른 요건들도 종합적으로 고려하여야 합니다.[115]

XIII

상속과 기여분

> 어머니가 노환으로 돌아가셨습니다. 저는 어머니 명의의 1만평 가량 되는 논을 17년 넘게 관리하였습니다. 농사도 짓고 재산세도 내었습니다. 어머니께서 연로하셔서 모든 일을 장녀인 저에게 맡기신 것입니다. 저 밑으로 동생이 7명 있습니다. 2명의 남동생은 이 논에 관심이 없다고 저보고 다 가지라고 합니다. 그런데 5명의 여동생들이 저에게 나눠 갖자고 조릅니다. 서울에서 직장생활 하다가 어머니 모시려고 시골까지 내려와서 농사 짓고, 세금도 제가 다 냈는데 여동생들이 나눠 갖자고 하니 너무 분합니다. 제가 이 논에 기여한 부분이 상당한데, 이걸 상속에서 반영할 수 있는 방법이 없을까요?

1. 관련 규정

민법은 상속인으로 피상속인의 직계비속을 1순위로 하고 직계존속을 2순위로 하며 배우자는 직계비속이 있는 경우 직계비속과 공동으로 상속하고 직계비속이 없는 경우에는 직계존속과 공동으로 상속하지만 직계비속이나 직계존속이 모두 없는 경우에는 단독으로 상속하는 것으로 규정하고 있습니다. 사안은 공동상속인 7인 중 1인의 기여분 인정에 관한 문제로 민법 제1008조의2 제1항은 공동상속인 중에 상당한 기간 동안 동거·간호 그 밖의 방법으로 피상속인을 특별히 부양하거나 피상속인의 재산의 유지 또는 증가에 특별히 기여한 자가 있을 때에는 상속

개시 당시의 피상속인의 재산가액에서 공동상속인의 협의로 정한 그 자의 기여분을 공제한 것을 상속재산으로 본다고 규정하고 있습니다. 만일 공동상속인이 협의가 되지 아니하거나 협의할 수 없는 대에는 가정법원은 기여자의 청구에 의하여 기여의 시기·방법 및 정도와 상속재산의 액 기타의 사정을 참작하여 기여분을 정합니다(민법 제1008조의2 제2항).

2. 특별한 기여

특별한 기여에 관하여 판례는 피상속인이 병환에 있을 때 피상속인을 간호한 사실은 인정되지만 피상속인의 배우자로서 통상 기대되는 정도를 넘어 법정상속분을 수정함으로써 공동상속인 사이의 실질적인 공평을 기하여야 할 정도로 피상속인을 특별히 부양하였거나 피상속인의 재산의 유지 또는 증가에 특별히 기여하였음을 인정하기에 부족하다는 이유로 기여분 청구를 배척한 바 있습니다(대법원 2019. 11. 21 자 2014스44, 45 전원합의체 결정). 즉, 배우자의 기여분 인정 여부와 그 정도는 민법 제1008조의2의 문언상 가정법원이 배우자의 동거·간호가 부부 사이의 제1차 부양의무 이행을 넘어서 '특별한 부양'에 이르는지 여부와 더불어 동거·간호의 시기와 방법 및 정도뿐 아니라 동거·간호에 따른 부양비용의 부담 주체, 상속재산의 규모와 배우자에 대한 특별수익액, 다른 공동상속인의 숫자와 배우자의 법정상속분 등 일체의 사정을 종합적으로 고려하여 공동상속인들 사이의 실질적 공평을 도모하기 위하여 배우자의 상속분을 조정할 필요성이 인정되는지 여부를 따져서 판단하여야 한다는 것입니다.

사안의 경우 망인의 자녀로써 공동상속인에 해당하므로 공동상속인으로서 기여분을 주장할 수 있습니다. 기여의 내용으로 기여행위의 결과 피상속인의 재산을 유지 또는 증가하여야 합니다. 그러나 친족 간 부양의무자(제974조) 사이에는 서로 부양할 의무가 있으므로 특별한 기여에 해당하지 않습니다.

민법 제974조(부양의무)

다음 각호의 친족은 서로 부양의 의무가 있다.
1. 직계혈족 및 그 배우자 간
2. 삭제 [90 · 1 · 13]
3. 기타 친족 간(생계를 같이 하는 경우에 한한다.)

판례는 성년인 자가 부모와 동거하면서 생계유지의 수준을 넘는 부양을 한 경우 특별한 부양이 된다고 보고 있습니다(대법원 1998. 12. 8 선고 97므513 판결). 기여의 정도는 통상의 기여가 아니라 특별한 기여라야 합니다. 이는 다른 상속인과 비교하여 본래의 상속분에 따른 분할이 기여자에게 명백히 불공평한 것을 의미합니다. 따라서 의뢰인은 기여분을 주장하기 위하여 재산의 유지, 증가에 대한 특별한 기여가 있었다는 점, 피상속인에 대한 특별한 부양을 했다는 점 등을 입증한다면 기여분을 주장할 수 있습니다.

XIV

서체 저작권

회사의 해외업무 홍보를 위해 인도네시아 박람회를 개최할 예정입니다. 이와 관련한 홍보자료를 관내 관공서 및 여행사 등에 공문의 별첨 자료로 배포한 상태입니다. 외국 문화에 관심이 많은 여러 단체에서 위 별첨 자료를 자신의 단체 게시판 등에 공지하여 성황리에 박람회가 유치될 것으로 기대됩니다. 그런데 문제가 생겼습니다. 한글파일(hwp)로 제작되었는데, 작성된 문서의 글꼴(font)에 저작권을 가지고 있는 업체에서 연락이 온 것입니다. 저희가 사용한 글꼴이 저작권자의 동의 없이 무단배포되면 안 되는 것이라고 하는데요. 저희는 정품 소프트웨어를 사용하였습니다. 해당 글꼴이 저작권 등록이 되어 있다고 하더라도 정품 소프트웨어 구매자는 이를 자유롭게 사용할 수 있는 것이 아닌지요?

1. 저작권법의 보호 대상인지 여부

저작권법 제4조(저작물의 예시 등)

1. 소설·시·논문·강연·연설·각본 그 밖의 어문저작물
2. 음악저작물
3. 연극 및 무용·무언극 그 밖의 연극저작물
4. 회화·서예·조각·판화·공예·응용미술저작물 그 밖의 미술저작물
5. 건축물·건축을 위한 모형 및 설계도서 그 밖의 건축저작물

6. 사진저작물(이와 유사한 방법으로 제작된 것을 포함한다)
7. 영상저작물
8. 지도 · 도표 · 설계도 · 약도 · 모형 그 밖의 도형저작물
9. 컴퓨터프로그램저작물

프로그램 내 글꼴 저작권은 법적으로 서체도안과 서체프로그램파일로 구분할 수 있습니다. 현재 저작권법상 서체에 대한 별도의 규정은 마련되어 있지 않습니다(저작권법 제4조). 판례는 서체에 관하여 "인쇄용 서체도안과 같이 실용적인 기능을 주된 목적으로 하여 창작된 응용미술작품으로서의 서체도안은 거기에 미적인 요소가 가미되어 있다고 하더라도 그 자체가 실용적인 기능과 별도로 하나의 독립적인 예술적 특성이나 가치를 가지고 있어서 예술의 범위에 속하는 창작물에 해당하는 경우에만 저작물로서 보호된다"라고 밝히고 있습니다. 즉, 일반적인 서체도안은 저작물로서의 보호대상이 되지 않는 것으로 보고 있습니다(대법원 1996. 8. 23. 94누5632 판결). 또한 대법원은 저작권은 서체도안이 아닌 서체파일 자체에 적용되는 것으로 판시하고 있습니다(대법원 2001. 6. 29. 99다23246 판결).

따라서 서체파일 자체를 수정하거나 변형하는 경우에는 저작권법 위반이 될 소지가 있으나, 정품 프로그램 파일 내의 글꼴을 정상적인 프로그램 사용 방식으로 이용한 경우라면 저작권법 위반으로 볼 수 없습니다. 그리고 일반적으로는 이러한 라이선스 계약을 체결하여 배포된 정품 프로그램에 포함된 기능을 사용하는 것은 권리자와 이용자 간 계약에 따른 범위 내의 사용으로서 권리자의 허락이 이루어진 것으로 볼 수 있습니다. 정품 프로그램을 구매하며 서체의 사용권을 함께 구매하는 것입니다. 따라서 정품 프로그램을 구매하여 프로그램 내에서 제공된 서체를 이용한 경우라면 저작권 침해 소지가 없습니다.

2. 문제가 될 수 있는 경우

저작권은 저작물에 대해 창작자가 가지는 권리로써 저작재산권 및 저작인격권으로 나누어집니다. 저작재산권은 저작물의 경제적 효용에 따라 양도 및 사용허락에 관한 배타적 권리를 내용으로 구성되며, 저작인격권은 공표권, 성명표시권, 동일성유지권처럼 저작권자의 창작의도를 유지하는데 그 목적이 있습니다.

만약 어떤 프로그램에서 제공되는 서체를 사용자가 임의로 또 다른 프로그램에 설치하여 이용하였다면 경우에 따라 저작권법 위반이 될 수 있습니다. 위에서 언급한 저작인격권의 침해로 다루어집니다. 즉, 프로그램회사와 서체 업체 간의 라이선스 계약, 즉 글꼴을 쓰기로 한 계약의 범위를 넘어선 사용이 될 수 있기 때문입니다. 프로그램 회사마다 서체 관련 업체들과 맺은 라이선스 계약의 내용이나 범위가 상이하므로 만약 이러한 경우에 해당한다면 해당 업체에 글꼴 사용의 범위에 대하여 구체적으로 문의하는 것이 좋을 것 같습니다.

또한, 폰트 회사가 자사 글꼴을 쉽게 설치할 수 있도록 전용 프로그램을 배포하는 경우가 있습니다. 다양한 무료 글꼴이 포함되어 있지만, 상업적인 사용을 제한한 경우가 많습니다. 비영리를 전제로 배포된 프로그램을 영리적으로 사용하는 경우가 저작권 침해에 해당하는지에 대해서는 아직 확실한 법적인 판단을 받았다고 보기는 어렵습니다.

3. 결론

사안의 내용으로는 직장에서 정식으로 구매한 제품을 이용하여 작성된 문서이므로 문제는 없을 것으로 보입니다. 그러나 혹시 다른 프로그램의 서체나 인터넷 상에 공유되는 서체들을 자의로 본 프로그램에 설치하여 이용한 경우는 아닌지 한 번쯤 확인해보는 것도 필요해 보입니다. 최근 이 사안처럼 프로그램에 포함된 서체를 정상적으로 이용하였음에도, 서체에 대해 저작권을 가진 일부 업체에서 저작권법 위반을 주장하며 합의금을 요구하는 사례가 나타나고 있습니다. 그러나 정상적으로 구매한 프로그램에서 프로그램 내에 제공된 서체를 이용하여 작성하신 문서는 저작권법 위반 소지가 없을 것으로 판단됩니다.

사망 후 기부 약정과 유언장

요양원에서 질문 드립니다. 요양원에 계신 할머니 중 한 분이 요양원에 기부 의사를 밝히셨습니다. 그 기부는 할머니가 돌아가시면 남게 되는 통장 잔고 1,200만 원에 관한 것이었습니다. 현재 기준 통장 잔고가 1,200만 원인데 오래 사시면 더 늘어날 것 같습니다. 정부에서 주는 노령 연금을 쓰지 않으셔서 고스란히 통장에 예금됩니다. 할머니는 자녀가 없으며, 조카가 한 명 있다고 합니다. 조카에게는 허락을 받았다고 하시더라구요. 그래도 나중에 법적인 문제가 없도록 하기 위해 기부금약정서나 유언장을 작성해 두는 것이 좋을 것 같습니다.

1. 사망 후 기부를 약정하는 것이 가능한가요?

2. 유언장을 쓸 경우 어떤 방식으로 작성하는 것이 좋은지요?

1. 사망 후 기부 약정에 관하여

사망 후 기부 약정은 사인증여이거나 유증에 해당합니다. 사인증여는 계약이고 유증은 유언으로 하는 단독행위이지만, 기부자의 예금 채권을 사후에 무상으로 증여한다는 점에서는 같습니다. 유증과 사인증여는 법인에게도 가능하므로 요양원이 소속된 재단에 수증능력이 인정됩니다. 사인증여는 그 효력에 관하여 유증에 관한 규정이 준용됩니다(민법 제562조).

2. 유언의 방식

만17세 이상인 자는 민법 제1060조에 따라 동법이 정한 방식에 의하여 요식성을 갖추어야 합니다. 통상적으로 자필증서, 녹음, 공정증서, 비밀증서 중 하나의 방식으로 유언합니다. 질병 기타의 급박한 사유로 인하여 위 방식을 할 수 없을 때에는 비교적 간이한 방식의 구수증서에 의한 유언이 가능합니다. 이러한 유언은 유언자가 유효한 유언을 한 후라도 언제든지 특별한 이유가 없이 자유롭게 그 전부 또는 일부를 철회할 수 있습니다(민법 제1108조 제1항).

구분	규정	장점	단점
자필증서	제1066조	존재의 비밀성	분실·은닉 위험
녹음	제1067조	간편성	소멸 위험
공정증서	제1068조	공증인 보장	비경제적
비밀증서	제1069조	내용의 비밀성	해석에 관한 분쟁
구수증서	제1070조	비상성	검인절차

3. 유류분 제도

참고로 유류분 제도란, 피상속인의 의사로부터 법정상속인을 보호하기 위해 피상속인의 재산처분의 자유를 제한하여 법률상 상속인에게 귀속하는 것이 보장된 상속재산 중의 일정비율을 의미합니다.[116] 피상속인의 직계비속 및 배우자는 그 법정상속분의 2분의 1을, 피상속인의 직계존속 및 형제자매는 그 법정상속분의 3분의 1이 인정됩니다(민법 제1112조).

XVI

보증계약

장모님이 장인어른 몰래 장모님 친구로부터 3,000만 원을 빌리게 되었습니다. 장모님 친구가 보증인을 요구하자 장모님은 장인어른의 인감을 몰래 가져다가 보증인으로 직접 날인하였습니다.

1. 장인어른은 보증인이 될 수 있나요?

2. 일반보증과 연대보증의 차이점과 구별방법에 대해 알려주실 수 있나요?

1. 보증계약의 효력 여부

보증이란 민법 제428조 이하에 규정된 것으로, 보증계약의 당사자는 채권자와 채무자가 아니고 채권자와 보증인이 이에 해당합니다. 우리 민법은 부부별산제를 택하고 있으므로 아무리 배우자라 하더라도 보증계약을 채결하기 위해서는 적법하게 대리권을 수여받고, 채권자에게 계약당사자가 누구인지와 자신의 지위가 대리자임을 밝히는 현명절차를 갖추는 등의 요건을 갖추어야 유효한 보증계약이 성립함이 원칙입니다.

부부별산제

부부 중 일방의 고유재산 및 자신의 명의로 취득한 재산은 그에 의하여 관리 · 사용·수익한다. 부부의 누구에게 속한 것인지 분명하지 아니한 때에는 부부의 공유로 추정한다.

단, 부부간 모든 계약에 대리권 수여를 요하는 것은 불합리하므로 양식·의복의 구입, 주택의 임차, 전기·가스·수도공급계약, 의료비 지급, 자녀의 양육·교육, 등 일상가사에 관해서는 서로 대리권이 있다고 인정되며, 부부의 일방이 일상가사에 관해 제3자와 법률행위를 한 때는 다른 일방은 이로 인한 채무에 대해 연대책임을 집니다(민법 제827조, 제830조).

금전차용행위는 그 목적에 따라 일상가사의 범위에 속하는가의 여부가 결정되는데, 가족공동생활 상의 필요와 관계없이 금전을 차용한 행위는 일상가사의 범위에 포함되지 않습니다.[117] 판례는 유사한 사안에서 '통상적으로 남편은 처의 인감도장을 쉽게 입수할 수 있고, 위임장 등이 별도로 작성되지 않았다는 점, 본사에서 계약당사자에게 전화로 연대보증의사를 확인하지 않았다는 점 등을 감안하여 남편이 아내 몰래 인감도장을 날인하여 연대보증을 했다고 하더라도 아내가 남편에게 연대보증에 관한 대리권을 수여했다고 보기 어렵다'라고 보았습니다(대법원 2009. 12. 10. 2009다66068 판결).

따라서 장모님이 빌린 돈이 위에서 언급한 일상가사 등에 해당하는 경우가 아닌 한, 장인어른 몰래 한 보증계약은 무효이며 돈을 빌린 장모님의 친구는 장인어른에게 위 보증계약을 원인으로 하여 대신 돈을 갚으라고 할 순 없습니다. 다만 보증계약이 무효라고 하여 장모님이 돈을 빌린 행위까지 무효인 것은 아니므로, 장모님은 여전히 채무를 부담하게 됩니다.

2. 일반보증과 연대보증의 차이

민법 제437조(보증인의 최고, 검색의 항변)
채권자가 보증인에게 채무의 이행을 청구한 때에는 보증인은 주채무자의 변제자력이 있는 사실 및 그 집행이 용이할 것을 증명하여 먼저 주채무자에게 청구할 것과 그 재산에 대하여 집행할 것을 항변할 수 있다. 그러나 보증인이 주채무자와 연대하여 채무를 부담한 때에는 그러하지 아니하다.

이른바, 일반보증이란 채무자가 채무를 이행하지 않을 경우, 보증인이 대신하여 채무를 부담하는 것을 말하며, 연대보증은 보증인이 주채무자와 연대하여 채무를 부담하는 보증채무를 의미합니다. 일반보증의 경우 주채무자에게 먼저 채무의 변제를 요구하지 않고 보증인에게 변제를 요구할 경우, 보증인은 채권자에게 주채무자에게 먼저 변제를 요구하였는지 묻거나, 주채무자의 재산이나 변제능력 등을 확인할 수 있는 '최고·검색의 항변권'을 갖게 됩니다. 즉, 일반보증의 경우 주채무자에게 변제의 우선순위를 부여하는 반면, 연대보증의 경우는 주채무자와 보증인이 동등한 지위에서 변제에 대한 채무를 부담하게 된다는 점에서 주된 차이가 있습니다.

XVII

사실혼

> 아버지께서 췌장암 말기 진단을 받으시고, 2개월 정도 남으셨다는 이야기를 들었습니다. 어머니와는 협의이혼을 하신지 10년 정도 되었고, 한 여성분과 함께 동거를 7년 정도 하셨습니다. 이 여성분의 아들(35세)이 저에게 전화를 해서 아버지의 재산을 나눠 가져야 되는거 아니냐고 묻습니다. 사실혼도 상속에 대한 권리를 주장할 수 있다고 하는데, 사실혼도 상속순위에 포함되는지 여쭙고 싶습니다. 그리고 사실혼이 정확히 동거랑 어떻게 다른지 객관적인 기준이 있는 것인지도 궁금합니다.

1. 사실혼의 배우자가 상속대상에 포함되는지

대법원은 민법 제1000조와 제1003조의 해석을 통하여 도출되는 상속의 순위에 있어서의 배우자의 개념에 대하여 일관되게 민법 제812조에 따른 법률혼, 즉 혼인신고를 한 배우자만을 상속의 대상이 되는 배우자로 인정하고 있습니다. 따라서 아무리 사실혼 관계의 배우자라 하더라도 상속 순위자의 대상에 속하지 않게 됩니다. 그 결과 피상속인의 사실혼 배우자는 피상속인이 사망한 경우, 피상속인의 유산을 상속 받을 수 없습니다. 결론적으로 아버지의 사실혼 배우자는 법률상 배우자로 인정되지 않아 의뢰인 아버지의 유산을 상속받을 수 있는 권리가 없습니다.

2. 사실혼 배우자의 자녀가 상속대상에 포함되는지

사실혼 배우자(女)가 다른 사람과의 사이에서 낳은 자녀인 경우, 그 아들은 민법 제1000조 제1항 제1호가 규정하고 있는 피상속인의 직계비속에 속하지 않으며 그 이하의 다른 상속 순위에도 속하지 않습니다. 따라서 해당 사실혼 배우자의 아들은 의뢰인 아버지의 상속인이 될 수 없고, 당연히 유산에 대해 상속권을 주장할 수 없습니다.

3. 사실혼과 동거의 차이

우리 대법원은 사실혼 인정의 요건에 대하여 일관적으로 ① 사실혼이 성립하기 위해서는 주관적으로 당사자 사이에 혼인의 의사가 합치되고, ② 객관적으로 사회관념상 가족질서적인 면에서 부부공동생활이라고 인정할 만한 혼인생활의 실체가 존재하여야 한다는 두 가지 요건을 요구하고 있습니다. 만일 혼인을 전제로 수개월간 동거하였다고 하더라도 그 동거기간이 짧고 혼인이 무산되자 동거를 곧바로 중단하였다면 당사자 사이에 혼인의사의 합치나 혼인생활의 실체가 존재하였다고 볼 수 없어 사실혼 관계를 인정되지 않습니다. 위에서 언급한 두 요건을 갖추지 못한다면 혼인의사가 없거나 불명확한 남녀결합 관계를 동거로 판단합니다.

4. 사실혼의 배우자의 법적 보호

민법 제1057조의2는 상속권을 주장하는 자가 없는 때에는 가정법원은 피상속인과 생계를 같이 하고 있던 자, 피상속인의 요양간호를 한 자 기타 피상속인과 특별한 연고가 있던 자의 청구에 의하여 상속재산의 전부 또는 일부를 분여할 수 있다고 규정하고 있습니다. 주택임대차보호법 제9조 제1항도 주택임차인이 상속권자 없이 사망한 경우 그 주택에서 가정 공동생활을 하던 사실상의 혼인관계에 있는 자는 임차인의 권리와 의무를 승계한다고 규정하고 있습니다. 또한, 산업재해보상보험법 제5조 제3호는 유족의 범위에 사실혼관계에 있는자를 배우자에 포함시키고 있습니다. 즉, 사실혼관계에 있는 자는 배우자와 같은 수급순위로 다른 유족에 앞서 유족급여 수급권자로 인정하고 있습니다.

XVIII

초상권과 뺑소니

승합차를 운전하는 사람입니다. 어제 어떤 사람이 제 차를 뒤에서 박고 달아났습니다. 블랙박스를 확인해 보니, 차에서 내려서 주위를 살피더니 그냥 가던 것입니다. 자기 차가 저의 차 블랙박스에 찍힐 것이 두려워서인지 차는 멀리 세워놓고 사람만 왔다가서 사람만 찍혔습니다.

1. 제가 이 사람의 얼굴을 찍어서 마을에 붙여 놓으면 초상권 침해인가요?

2. 이 사람은 흔히 말하는 뺑소니(도주차량)에 해당이 되나요?

1. 초상권 침해 여부

사람은 누구나 자신의 얼굴 기타 사회통념상 특정인임을 식별할 수 있는 신체적 특징에 관하여 함부로 촬영 또는 그림묘사되거나 공표되지 아니하며 영리적으로 이용당하지 않을 권리를 가지며, 이러한 초상권은 헌법 제10조 제1문에 의하여 보장되는 헌법상 권리에 해당합니다. 이러한 초상권의 부당한 침해는 불법행위를 구성하는데, 위 침해는 그것이 공개된 장소에서 이루어졌다거나 민사소송의 증거를 수집할 목적으로 이루어졌다는 사유만으로 정당화되지 않습니다(대법원 2006. 10. 13. 2004다16280 판결).

타인의 초상권과 보호하고자 하는 자기의 권리가 충돌할 때에는 첫째 초상권 침해행위로 달성하려는 이익의 내용 및 그 중대성, 침해행위의 필요성과 효과성, 침해행위의 보충성과 긴급성, 침해방법의 상당성 등이 있으며, 둘째 피해이익의 영역에 속하는 고려요소로는 피해법익의 내용과 중대성 및 침해행위로 인하여 피해자가 입는 피해의 정도, 피해이익의 보호가치 등이 있습니다. 그리고 당해 초상권 침해의 목적이 상업용이 아니라 공공의 이익을 위한 것일 때는 예외에 속합니다.

사안의 경우 공공의 이익에 속할 여지가 있긴 하나, 의뢰인이 자체적으로 공표할 경우 초상권 침해가 우려되는 것은 사실입니다. 따라서 의뢰인이 사적으로 해결할 것이 아니라, 피해사실에 대해 관할 경찰서에 수사를 의뢰하여 수사기관의 공무에 의해 공적으로 가해자의 사진을 공지하는 것이 사건의 해결에 더 효과적입니다.

2. 뺑소니 해당 여부

도로교통법 제54조(사고발생 시의 조치)

① 차 또는 노면전차의 운전 등 교통으로 인하여 사람을 사상하거나 물건을 손괴(이하 "교통사고"라 한다)한 경우에는 그 차 또는 노면전차의 운전자나 그 밖의 승무원(이하 "운전자 등"이라 한다)은 즉시 정차하여 다음 각 호의 조치를 하여야 한다.

1. 사상자를 구호하는 등 필요한 조치
2. 피해자에게 인적 사항(성명·전화번호·주소 등을 말한다. 이하 제148조 및 제156조 제10호에서 같다) 제공

뺑소니는 운전자가 교통사고를 낸 후 피해자에 대해 적절한 조치 없이 도주하는 것을 의미합니다. 도로교통법 제54조에 제1항 의하면 교통 사고가 발생한 경우에 운전자 등은 즉시 정차하여 필요한 조치를 취

해야 하며, 그렇지 않고 도주할 경우에는 특정범죄가중처벌등에관한법률 제5조의3의 적용을 받게 됩니다.

특정범죄가중처벌법 제5조의3(도주차량 운전자의 가중처벌)

① 「도로교통법」 제2조에 규정된 자동차·원동기장치자전거의 교통으로 인하여 「형법」 제268조의 죄를 범한 해당 차량의 운전자(이하 "사고운전자"라 한다)가 피해자를 구호(救護)하는 등 「도로교통법」 제54조 제1항에 따른 조치를 하지 아니하고 도주한 경우에는 다음 각 호의 구분에 따라 가중 처벌한다.

1. 피해자를 사망에 이르게 하고 도주하거나, 도주 후에 피해자가 사망한 경우에는 무기 또는 5년 이상의 징역에 처한다.
2. 피해자를 상해에 이르게 한 경우에는 1년 이상의 유기징역 또는 500만 원 이상 3천만 원 이하의 벌금에 처한다.

현재 판례는 차량만 파손됐을 경우 인명피해가 난 때와 달리 뺑소니로 보지 않고 있으며, 접촉 사고 후 다른 사고가 일어날 수 있는데도 도주한 때에 한해서만 도로교통법상 '사고 후 조치 불이행'으로 보고 처벌하도록 하고 있습니다. 따라서 사람이 탑승하지 아니한 차량에 대한 "주차" 뺑소니 사고는 특정범죄가중처벌법상 '뺑소니'에 해당하지 않습니다. 단, 주·정차된 차량을 손괴한 것이 분명한 경우에 피해자에게 인적 사항을 제공하지 아니한 사람에 해당되어 20만 원 이하의 벌금이나 구류 또는 과료(科料)로 처벌될 수 있습니다(도로교통법 제156조 제10호).

XIX

국선변호인

남편(73세)이 현주건조물방화죄로 구속수사를 받고 있습니다. 남편은 알코올 중독으로 병원에 2번 입원치료 받은 사실이 있으며, 그날도 술에 만취해서 자택에 불을 질렀다가 옆집으로 번진 것입니다. 다친 사람은 한 명도 없습니다. 남편은 초범이고 깊이 뉘우치고 있는데요. 주변 사람들 이야기를 들어보니까 국선변호인 보다는 사선변호인이 그나마 유리한 판결을 얻어내는 데 더 수월하다고 하더군요. 그런데 집에 돈이 없습니다. 사선변호인을 신청할 경제적 여건이 되지 않는 사람을 구해주는 법적인 제도는 없는 것인가요?

1. 국선변호인의 의의

국선변호인이란 사선변호인이 선임되지 않은 경우에 피고인을 위하여 법원이 국가의 비용으로 변호인을 선정해 주는 변호인을 말합니다.

형사소송법 제33조(국선변호인)

① 다음 각 호의 어느 하나에 해당하는 경우에 변호인이 없는 때에는 법원은 직권으로 변호인을 선정하여야 한다.

1. 피고인이 구속된 때
2. 피고인이 미성년자인 때
3. 피고인이 70세 이상인 때

4. 피고인이 듣거나 말하는 데 모두 장애가 있는 사람인 때
5. 피고인이 심신장애가 있는 것으로 의심되는 때
6. 피고인이 사형, 무기 또는 단기 3년 이상의 징역이나 금고에 해당하는 사건으로 기소된 때

피의자인 경우 체포 또는 구속되었을 때, 형사소송법 제33조를 준용합니다(형사소송법 제214조의2 제10항). 만일 법원이 위 제33조에 따른 국선변호인 선정을 하지 않은 채 개정하여 심리한 소송절차는 법령에 위반되고, 이와 같이 위법한 공판절차에서 이루어진 소송행위는 무효입니다(대법원 2006. 1. 13. 2005도5925).

2. 사안의 경우

70세 이상의 구속된 피의자이며, 구속된 피의자가 변호인이 없을 때는 형사소송법 제33조를 준용합니다. 따라서 70세 이상인 경우 법원은 직권으로 국선변호인을 선정해 주어야 합니다. 만약 직권으로 선정하지 않은 공판 절차는 피고인의 방어권을 보장하지 않아 무효입니다. 더불어 의뢰인의 남편은 알코올 중독으로 입원치료를 받은 사실이 있는바 국선변호인의 선정 사유 중 심신장애의 의심이 있는 때에도 해당한다고 볼 수도 있습니다.

또한 현주건조물방화죄는 불을 놓아 사람이 주거로 사용하거나 사람이 현존하는 건조물, 기차, 전차, 자동차, 선박, 항공기 또는 광갱을 소훼한 자는 무기 또는 3년 이상의 징역에 처하는 범죄이므로(형법 제164조), 만약 남편이 현주건조물방화죄의 사건으로 기소가 된다면 법원이 직권으로 국선변호인을 선정하여야 합니다.

XX

임차보증금반환채권의 양도

아파트를 2채 소유하고 있는데, 1채는 제가 살고 나머지 1채는 월세를 주었습니다. 세입자는 월세를 잘 내지 않아요. 3~4개월 씩 밀렸다가 독촉하면 그제서야 마지못해 주고 그럽니다.
그런데 그저께 서OO이라는 사람으로부터 임차보증금양도통지서 내용증명 우편이 왔습니다. 서OO이라는 사람에게 전화를 하니, 서OO이라는 사람은 세입자인 진OO이라는 사람에게 빌린 돈 120만 원을 받기 위해 부단히 노력하였으나, 진OO이 돈을 주지 않아서 저에게(박OO) 내용증명을 보냈다고 합니다. 아무리 생각해도 이상합니다. 이런 걸 임대인 동의 없이 양도하고 그럴 수 있나요? 통지서 내용도 '양도절차를 끝마쳤습니다'라는 식으로 작성했는데, 양도인은 통 모르는 사정이라고 하더군요. 진OO은 8개월 가량 보증금을 체납한 사실이 있어서, 남아 있는 보증금도 60만 원 정도 밖에 안 되는데, 아무래도 서OO이 사문서 위조를 하지 않았나 의심이 됩니다. 그리고 이런 건 양도인이 보내야 하는 것 아닌가요? 발송인이 양수인이면 문제가 있을거 같은데. 서OO에게 "이렇게 하신다고 돈 못 드려요"하니까, "진OO씨에게 제 돈 좀 갚으라고 말씀 한 마디만 해주세요"라고 하더군요. 서OO의 행위를 법적으로 어떻게 평가할 수 있나요?

1. 채권양도

채권자(위 양수인)와 채무자(위 양도인) 사이의 특별한 관계에 있어서 제3자(위 임대인)는 원칙적으로 관여할 수 없습니다. 그런데 채권의 성질상 양도할 수 없는 경우와 당사자의 특약으로 양도를 금지한 경우를 제외하고는 채권은 양도할 수 있습니다. 위 사안에서의 임차보증금의 양도는 채권양도에 해당합니다. 채권양도란 채권을 채권자로부터 제3자인 양수인에게 그 내용의 동일성을 유지하면서 이전하는 것을 말합니다. 즉, 다른 사람에게서 금전이나 그에 상응하는 것을 돌려받을 권리를 제3자에게 이전하여 주는 것을 말합니다.

임차보증금반환채권과 같은 지명채권은 채권자인 양도인(임차인)과 양수인이 계약하면 당사자 간에 권리가 이전되지만, 양수인이 채무자에게 채권을 행사하려면 양도인이 채권의 양도사실을 채무자에게 통지하거나 채무자의 승낙이 있어야 합니다. 또 채무자 이외의 제3자에게 대항하려면 확정일자 있는 증서에 의해 통지나 승낙이 이루어져야 합니다.

판례는 임차권에 대한 양도금지특약이 있는 경우에도 임차보증금반환채권은 임대인의 동의 없이 양도할 수 있다는 입장입니다(대법원 1993. 6. 25. 93다13131 판결). 이에 따르면 의뢰인인 임대인의 동의 없이도 임차보증금반환채권의 양도는 가능합니다.

2. 양수인이 채권양도의 효력을 주장을 할 수 있는지

위에서 본 것처럼 채권양도는 양도인과 양수인의 합의만으로 효력이 발생하지만 양도의 효력을 채무자에게 주장하기 위해서는 양도인이 양도 사실을 채무자에게 통지하거나 채무자가 채권양도를 승낙해야 합니다.

만약 양도인이 채권양도의 통지를 게을리 하고 양수인에게 위임하였을 경우, 양수인이 양도인을 대리하여 채권양도의 통지를 할 수 있는지 문제될 수 있습니다. 이에 관하여 대법원은 민법 제450조에 의한 채권양도통지는 양도인이 직접 하지 아니하고 사자를 통하여 하거나 대리인으로 하여금 하게 하여도 무방하고, 채권의 양수인도 양도인으로부터 채권양도통지 권한을 위임받아 대리인으로서 그 통지를 할 수 있다고 보고 있습니다(대법원 2004. 2. 13. 2003다43490 판결). 다만 채권양도통지 권한을 위임받은 양수인이 양도인을 대리하여 채권양도통지를 함에 있어서는 민법 제114조 제1항의 규정에 따라 양도인 본인과 대리인을 표시하여야 합니다. 따라서 양수인이 채무자에게 임차보증금반환채권양도의 효력을 주장하려면, 양도인에 의해 임차보증금양도 통지가 있거나 채무자가 그것을 승낙했어야 합니다. 아니면 양수인인이 양도인 본인의 대리인임을 표시했어야 합니다. 그러나 위의 내용을 보면 양수인이 통지를 발송하였고 양도인의 대리인으로서 통지를 발송했다고 볼 수 없으므로 양수인은 채무자에게 임차보증금반환채권양도의 효력을 주장할 수 없습니다.

XXI

채권의 소멸시효

어머니가 2007년에 앞집 아저씨에게 변제기한 없이 3,000만 원을 빌려주었습니다. 농사를 짓겠다고 다짐하는 앞집 아저씨에게 큰마음 먹고 빌려 줬는데, 2016년 현재 1,600만 원만 변제하고 나머지는 갚지 않고 있습니다. 차용증을 써준다기에 이번 주말을 이용해서 어머니 집에 가봐야 합니다.

1. 2007년에 돈을 빌려주고, 2011년에 1,600만 원을 변제 후 그 후로는 변제하지 않았습니다. 채권소멸시효가 완성되는 연도는 언제인가요?
2. 차용증 작성만으로 시효가 갱신되나요? 예컨대, 2016년에 새로운 차용증을 작성하면 2026년까지 채권채무관계가 유효한 것인가요?
3. 배우자에게 채무를 귀속시킬 수 있는 방법은 없을까요? 앞집 아저씨 명의로 된 재산이 하나도 없다고 하여 후일에 받지 못할까 걱정이 됩니다.

1. 소멸시효

민법 제162조(채권, 재산권의 소멸시효)

① 채권은 10년간 행사하지 아니하면 소멸시효가 완성한다.

제168조(소멸시효의 중단사유)

소멸시효는 다음 각호의 사유로 인하여 중단된다.

1. 청구
2. 압류 또는 가압류, 가처분
3. 승인

사안에서 채무자가 2011년에 1,600만 원을 일부변제 한 것이 민법 제168조 제3호에서 규정하고 있는 소멸시효 중단 사유인 '채무의 승인'에 해당하는지가 문제됩니다. 소멸시효 완성 전에 채무자가 자기의 채무를 승인하게 되면 시효가 중단되며, 시효중단이 된 때에는 중단까지 경과한 소멸시효기간은 이를 산입하지 아니하고 중단사유가 종료한 때로부터 새로이 진행합니다(민법 제178조 제1항).

판례에 따르면, 소멸시효 중단 사유로서의 승인은 시효이익을 받을 당사자인 채무자가 소멸시효 완성으로 권리를 상실하게 될 자 또는 그 대리인에 대하여 그 권리가 존재함을 인식하고 있다는 뜻을 표시함으로써 성립하고, 그 표시방법은 아무런 형식을 요구하지 아니하고 또한 명시적이건 묵시적이건 불문하며, 묵시적인 승인의 표시는 채무자가 그 채무의 존재 및 액수에 대하여 인식하고 있음을 전제로 하여 그 표시를 대하는 상대방으로 하여금 채무자가 그 채무를 인식하고 있음을 그 표시를 통해 추단하게 할 수 있는 방법으로 행해지면 되고(대법원 2010. 4. 29. 선고 2009다99105 판결), 시효완성 전에 채무일부를 변제한 경우에는 그 수액에 관하여 다툼이 없는 한 채무승인으로서의 효력이 있어 시효중단효과가 발생합니다(대법원 1996. 1. 23. 선고 95다39854).

그러므로 채무의 일부로서 변제한 이상 그 채무전부에 관하여 시효중단의 효력을 발생하는 것으로 보아, 특별한 사정이 없는 한, 채무자에 대한 대여금채권은 1,600만 원을 변제받은 때로부터 10년이 경과되어야 소멸시효가 완성되는 것으로 보아야 하며 그 완성 시점은 2021년입니다.

2. 차용증 작성으로 소멸시효가 갱신될 수 있는지 여부

차용증의 작성 또한 채권자로 하여금 채무자가 그 채무를 인식하고 있음을 그 표시를 통해 추단하게 할 수 있는 방법이라 볼 수 있어, 앞서 말한 민법 제168조 제3호에서 규정하는 '채무의 승인'에 해당합니다. 따라서 차용증을 작성하는 시점에 시효중단의 효력이 발생하여 중단까지에 경과한 소멸시효기간은 이를 산입하지 아니하고 중단사유가 종료한 때로부터 새로이 진행합니다.

만일 차용증에 변제기를 기재하였다면 변제기 도래 후에 소멸시효는 새로이 진행합니다.

3. 채무자의 배우자에게 채무를 귀속시킬 수 있는지 여부

채무자의 배우자는 별도의 보증계약이나 채무인수계약이 없는 한, 단지 배우자라는 신분관계에 의해 채무자의 채무를 부담하지는 않습니다.

다만 사안에서의 앞집 아저씨가 가정생활상 상시 행하여지는 행위로서, 동거생활을 유지하기 위하여 필요한 범위 내에서 돈을 빌린 것이라면 앞집 아저씨의 배우자는 민법 제832조에 따라 앞집 아저씨와 연대하여 돈을 갚아야 합니다.

제3장

서식편

Ⅰ. 소장
Ⅱ. 답변서
Ⅲ. 준비서면
Ⅳ. 항소장
Ⅴ. 상고장
Ⅵ. 고소장
Ⅶ. 합의서
Ⅷ. 내용증명
Ⅸ. 지급명령신청
Ⅹ. 과세전적부심사청구서
XI. 금융거래정보 제출명령 신청서
XII. 행정심판 청구서
XIII. 정식재판 청구서

I

소 장

김OO(이하 '甲')은 박ㅁㅁ(이하 '乙')에게 3억 원을 빌려주었는데, 乙은 빌려간 3억 원을 갚지 않고 있습니다. 甲은 3억 원을 빌려줄 당시 차용증을 乙로부터 받았고, 3억 원은 乙의 은행계좌로 송금하였습니다.
甲은 乙을 상대로 소송을 제기하여 3억 원을 돌려받고 싶은데, 어떻게 해야 하나요?

※ 인지액

1,0000만 원 미만: 소가×50/10,000
1,0000만 원 이상 1억 원 미만: 소가×45/10,000+5,000원
1억 원 이상 10억 원 미만: 소가×40/10,000+55,000원
10억 원 이상: 소가×35/10,000+555,000원

※ 송달료

단독사건 (2억 원 이하): 15회×N원×당사자 수
합의사건 (2억 원 초과): (상동)
소액사건 (3천만 원 이하): 10회×N원×당사자 수
– N: 2020. 7. 1. 기준 5,100원

소 장

원 고 김OO(490403－0000000)
OO시 OO동 OO－O
연락처: 010－0000－0000

피 고 박ㅁㅁ(531105－0000000)
OO시 OO동 OO－O
연락처: 010－0000－0000

대여금 청구의 소

청 구 취 지

1. 피고는 원고에게 300,000,000원 및 이에 대한 소장 부본 송달 다음날부터 다 갚는 날까지 연 12%의 비율에 의한 금원을 지급하라.
2. 소송비용은 피고가 부담한다.
3. 제1항은 가집행할 수 있다.

라는 판결을 구합니다.

청 구 원 인

1. 당사자 관계

원고와 피고는 오래 전부터 알고 지내는 친구 사이입니다.

2. 원고와 피고의 대여금 약정

원고는, 사업을 하는데 3억 원이 필요하니 빌려달라는 피고의 요청에 따라 2009. 12. 1. 피고로부터 차용증(무이자, 변제기 2010. 6. 15.)을 작성 받은 후 피고의 은행 계좌로 3억 원을 송금해 주었습니다.

3. 피고의 의무위반

그런데 피고는 2010. 6. 15.이 지나도록 원고로부터 빌려간 3억 원을 갚지 않았으며, 원고가 계속하여 돈을 갚으라고 요구하였으나 사정이 좋아지면 갚겠다는 말만 하면서 아직까지 돈을 갚지 않고 있습니다.

4. 원고의 청구

그러므로 원고는 위 대여금 약정에 따라 피고로부터 300,000,000원의 지급을 구할 권리가 있는바, 청구취지와 같은 재판을 구합니다.

입 증 방 법

1. 갑 제1호증: 차용증
2. 갑 제2호증: 은행거래내역

첨 부 서 류

1. 위 입증방법 각 1통
2. 영수필확인서 및 영수필통지서 1통
3. 송달료납부서 1통
4. 소장부본 1통

2000. 0. 0.

위 원고 김00

00지방법원 귀중

II

답변서

김OO(이하 '甲')은 박ㅁㅁ(이하 '乙')에게 빌려 준 3억 원을 갚으라면서 소송을 제기하였습니다. 그런데 甲은 변제기로부터 10년이 지난 후에 소송을 제기하였습니다. 빌린 돈이라도 10년이 지난 경우에는 갚지 않아도 된다고 하던데, 乙은 甲의 소송에 대하여 어떻게 대응해야 하나요?

답 변 서

사 건 2020가합2468 대여금
원 고 김OO
피 고 박ㅁㅁ

위 사건에 관하여 피고는 아래와 같이 답변합니다.

청구취지에 대한 답변

1. 원고의 청구를 기각한다.
2. 소송비용은 원고가 부담한다.
라는 판결을 구합니다.

청구원인에 대한 답변

1. 다툼이 없는 사실

피고는, 피고가 원고로부터 2009. 12. 1. 3억 원을 빌린 사실에 대해서만 인정하고 나머지 원고의 주장 사실에 대해서는 모두 부인합니다.

2. 소멸시효 완성으로 인한 채무 소멸

채권은 10년이 지나면 소멸시효가 완성되어 소멸하는데, 원고는 피고에게 빌려준 3억 원의 채권에 대하여 변제기인 2010. 6. 15.부터 10년이 지난 2020. 8. 10.에 이 사건 소송을 제기하였는바, 원고의 피고에 대한 3억 원의 대여금 채무는 변제기로부터 10년이 지나 시효로 소멸하였습니다.

3. 결론

그러므로 원고의 청구는 부당하여 기각되어야 합니다.

입 증 방 법

1. 을 제1호증: 차용증

첨 부 서 류

1. 위 입증방법 1통
2. 답변서 부본 1통

20OO. O. O.

위 피고 박□□

OO지방법원 제O민사부 귀중

III

준비서면

김OO(이하 '甲')은 박ㅁㅁ(이하 '乙')에게 3억 원을 빌려준 후 乙이 이를 갚지 않아 乙을 상대로 소송을 제기하였는데, 乙이 3억 원을 빌려간 사실에 대해서는 인정하면서도 소멸시효가 완성되어 갚지 않아도 된다고 합니다. 乙은 甲이 소송을 제기하기 전까지도 계속하여 3억 원을 갚겠다고 하였는데 이러한 경우까지 소멸시효가 완성되었다고 보아야 하는지요? 甲은 乙로부터 꼭 3억 원을 돌려받고 싶은데, 무엇을 더 주장해야 하나요?

준 비 서 면

사 건 2020가합2468 대여금
원 고 김OO
피 고 박ㅁㅁ

위 사건에 관하여 원고는 다음과 같이 변론을 준비합니다.

다 음

1. 피고의 자백

피고가 원고로부터 3억 원을 빌려간 사실에 대해서는 인정하고 있는바, 원고는 이를 이익으로 원용합니다.

2. 소멸시효 항변에 관하여

피고는 원고로부터 3억 원을 빌린 사실에 대해서는 인정하면서도 피고의 대여금 채무가 변제기로부터 10년이 도과하여 시효로 소멸하였다고 주장합니다.

그러나 피고는 원고가 3억 원을 갚으라고 할 때마다 돈을 빌려간 사실을 인정하면서 조금 더 시간을 주면 반드시 갚겠다고 여러 차례 이야기하였고 원고가 이 사건 소를 제기하기 전인 2019. 12.경에도 같은 말을 하였습니다.

피고의 위와 같은 행위는 민법이 정한 소멸시효 중단 사유인 채무의 승인에 해당하여 그 승인을 한 때로부터 다시 소멸시효가 진행되므로 피고의 대여금 채무는 소멸시효가 완성되지 않았습니다.

3. 결론

그러므로 피고는 원고에게 3억 원을 갚을 의무가 여전히 있으므로 원고의 청구를 인용하여 주시기 바랍니다.

입 증 방 법

1. 갑 제3호증: 녹취록

첨 부 서 류

1. 위 입증방법 1통

2000. O. O.

위 원고 김OO

OO지방법원 제O민사부 귀중

IV

항소장

甲이 乙을 상대로 제기한 3억 원의 대여금 청구 사건에서 법원은 2020. 10. 15. 아래와 같은 주문으로 판결을 선고하였다. 甲이 위 판결에 불복하려면 어떻게 하여야 하는가?

주 문

1. 원고의 청구를 기각한다.
2. 소송비용은 원고가 부담한다.

항 소 장

사 건 2020가합12345 대여금

원 고 김○○

피 고 박□□

위 사건에 관하여 ○○지방법원은 2020. 10. 15. 원고의 청구를 전부

기각하는 판결을 선고하였는바, 항소인(원고)은 이에 불복하므로 아래와 같이 항소를 제기합니다(판결정본은 2020. 10. 18.에 송달받았습니다).

제1심 판결의 표시

1. 원고의 청구를 기각한다.
2. 소송비용은 원고가 부담한다.

불복정도 및 항소범위

항소인(원고)은 제1심 판결에 관하여 전부 불복합니다.

항 소 취 지

1. 원심판결을 취소한다.
2. 피고는 원고에게 300,000,000원 및 이에 대한 소장 부본 송달 다음날부터 다 갚는 날까지 연 12%의 비율에 의한 금원을 지급하라.
3. 소송총비용은 피고가 부담한다.
4. 제2항은 가집행할 수 있다.

항 소 이 유

추후 제출하겠습니다.

첨 부 서 류

1. 항소장 부본 1부

2020년 O월 O일

항소인(원고) 김OO (인)

OO 고등법원 귀중

V

상고장

甲이 乙을 상대로 제기한 3억 원의 대여금 청구 사건의 항소심에서 법원은 2020. 12. 15. 아래와 같은 주문으로 판결을 선고하였다. 甲이 위 판결에 불복하려면 어떻게 하여야 하는지?

주 문

1. 원고의 항소를 기각한다.
2. 항소비용은 원고가 부담한다.

상 고 장

사 건　　2020나54321 대여금
원 고　　김OO
피 고　　박□□

위 사건에 관하여 ○○고등법원은 2020. 12. 15. 원고의 항소를 기각하는 판결을 선고하였는바, 상고인(원고)은 이에 불복하므로 아래와 같이 상고를 제기합니다(판결정본은 2020. 12. 18.에 송달받았습니다).

원심 판결의 표시

1. 원고의 항소를 기각한다.
2. 항소비용은 원고가 부담한다.

불복정도 및 상고범위

상고인(원고)은 원심 판결에 관하여 전부 불복합니다.

상 고 취 지

원심판결을 파기하고 사건을 ㅇㅇ고등법원으로 환송한다.

상 고 이 유

추후 제출하겠습니다.

첨 부 서 류

1. 상고장 부본 1부

2020년 O월 O일

상고인(원고) 김OO (인)

대 법 원 귀중

VI

고소장

甲은 乙과 교제기간 동안 乙에게 1,500만 원을 빌려주었다. 그런데 乙이 이를 갚지 않은 상태에서 헤어졌다. 乙은 잠적하였으며, 甲은 수소문 끝에 乙의 집을 찾아갔으나 乙이 교제기간 동안 직업과 나이를 모두 속인 사실을 알게 되었다. 甲은 乙을 사기죄로 고소하려 하는데, 이는 가능한가?

고 소 장

고 소 인 　이OO(010－OOOO－OOOO)
OO시 OO동 OO아파트 OOO동 OOO호

피고소인 　장OO(010－OOOO－OOOO)
OO시 OO구 OO로 OO OO빌딩 2층 OOO

고 소 취 지

피고소인은 고소인을 속여 고소인으로부터 금 1,500만 원을 편취한 자이므로 이를 고소하니 철저히 조사하여 법에 따라 처벌하여 주시기 바랍니다.

고 소 이 유

1. 고소인은 피고소인들과는 아무런 친·인척관계가 없으며, 피고소인 장OO은 고소인에게 2019년 1월 6일 500만 원과 동년 5월 12일 1,000만 원을 차용한 바 있습니다.
2. 피고소인 장OO은 본인이 OO항공사 직원이며, 서울특별시 소재 강남구에 본인 명의의 오피스텔을 소유하고 있다고 하였으나 부동산등기부등본을 확인한 결과 거짓이며, 직업 또한 거짓으로 밝혀졌습니다.
3. 상기 제1호의 차용금 1천 500만 원에 대해서 OO저축은행에 근무하는 피고소인의 친구인 은행원을 통해 좋은 금융상품을 소개시켜준다고 하였으나, 후에 확인한 결과 동 저축은행에는 피고소인의 친구가 근무하지 않았으며, 해당 상품도 존재하지 않는 상품이었습니다.
4. 상기 제3호 사실이 사기임을 알고, 고소인은 피고소인에게 1천 500만 원에 대한 변제를 요구하였으나, 약 1년여간 이를 미루고 있습니다.
5. 따라서 피고소인은 고소인에게 거짓말을 하여 기망한 다음 고소인으로부터 1,500만 원을 편취한 것이 분명하므로 조사하여 법에 따라 처벌해 주시기 바랍니다.

첨 부 서 류

1. 계좌이체사본 1부

2020년 O월 O일

고소인 이 O O (인)

OO 지방검찰청 귀중

합의서

교차로에서 신호위반으로 사고가 나서 가해자가 되었습니다. 피해자와 합의하고 싶습니다.

합 의 서

피해자 최OO(830402－1******)

가해자 유OO(820000－1******)

2020년 7월 18일 O시 O분경 OO시 OO동 OO광장 오거리에서 발생한 교통사고 발생 건에 대하여 아래 금원으로 합의하고, 향후 민·형사상 소송이나 이의를 제기하지 아니할 것을 확인하고 후일의 증거로써 이 합의서에 서명 날인한다.

– 아 래 –

<table><tr><td align="center">수령금액
금　　　　　　　　　원</td></tr></table>

2020년　　월　　일

위 피해자 최OO (인)

위 가해자 유OO (인)

VIII

내용증명

OO라는 유명 가수의 팬입니다. 얼마전 이 가수의 콘서트 티켓팅을 하다가 그만 실패했습니다. SNS에 티켓팅에 성공한 사람이 원래 가격보다 3배나 비싼 30만 원에 이 티켓을 판다고 알리는 글을 확인하였습니다. 너무 비싼 가격이었지만, 보고 싶던 가수였기 때문에 30만 원을 송금하고 티켓을 기다리고 있었습니다. 송금 직전에 티켓판매자가 보내온 문자로 주민등록등본과 신분증 사본을 모두 확인하였습니다. 그런데 일주일이 넘게 판매자는 연락을 두절하고 SNS를 비공개 설정해 놓았습니다. 여기저기 인터넷 커뮤니티에 확인해 보니, 이런식으로 사기를 많이 치는 사람이었습니다.

내 용 증 명

받는 사람　성　명: 김OO(OOOOOO－*******)
　　　　　　주　소: OO도 OO시 OO로 OO－O
　　　　　　연락처: 010－OOOO－OOOO

보내는 사람　성　명: 이OO(OOOOOO－*******)

주　소: OO도 OO시 OO로 OOO－OO
연락처: 010－OOOO－OOOO

1. 삼가 귀댁의 안녕을 기원합니다.

2. 귀하는 2020.O.O. 가수 OOO 서울 콘서트 티켓(이하 '티켓'이라 함)을 양도하는 대가로 발신인으로부터 300,000원(삼십만 원)을 송금받은 바 있습니다.

3. 상기 제2호에 따라 티켓의 교부를 위하여 귀하와 수차례 연락을 시도하였으나, 발신일 현재 연락두절로 부득이 본 내용증명을 보내는 바입니다.

4. 귀하의 행위는 민사상 부당이득에 해당하는 바, 20OO. O. OO.까지 발신인이 송금한 300,000원을 아래 계좌로 입금하시기 바랍니다.

5. 만일 불응 시는 여하한 법적 조치는 물론 이에 따른 제반비용 또한 전가할 것이오니 부디 불미스러운 일이 발생하지 않도록 협조하여 주시기 바랍니다.

2020년　O월　O일

발신인　이　O　O　(인)

IX

지급명령신청

상가임대차계약 종료 후, 임대보증금을 받지 못하였습니다. 하루라도 빨리 되찾아야 할텐데, 어떤 방법이 있을까요?

지 급 명 령 신 청

채 권 자 임OO(000000-2******)
OO OO시 OO동 OO아파트 104동 1003호
연락처: 010-OOOO-OOOO

채 무 자 지OO (000000-1******)
OO OO시 OO로 OO번길OO, OO호
연락처: 010-OOOO-OOOO

임대차보증금반환 청구의 독촉사건

청 구 취 지

채무자는 채권자에게 5,000,000원과 이에 대하여 이 사건 지급명령송달 다음날부터 다 갚는 날까지 연 12%의 비율로 계산한 돈을 지급하라.

라는 지급명령을 구합니다.

청 구 원 인

1. 임대차계약체결

채권자는 채무자와 사이에 OO시 OO동 OO－OO번지 1층 상가점포를 보증금 5,000,000원에 월임료 50만 원, 임대기간은 20OO. O. O.부터 20OO. O. O. 까지로 정하여 임대차계약을 체결하고 채권자는 20OO. O. O. 보증금 전부를 지급한 바 있습니다.

2. 임대차 계약의 종료 및 임대차보증금 미반환

20OO. O. O. 위 임대차 계약이 종료되었으며, 채무자에게 임대차보증금을 반환해 줄 것을 수차례 말하였으나, 최후독촉일인 20OO. O. O.에도 이를 반환해 주지 않고 있습니다.

3. 임대차보증금의 청구

채무자는 차일피일 미루며 위 임대차보증금을 반환하지 않고 있으므로, 부득이 청구취지 기재의 돈을 지급받고자 이 신청에 이르렀습니다.

첨 부 서 류

1. 임대차계약서 사본 1통
2. 건물등기부등본 1통
3. 주민등록초본 2통

2020. O. O.

위 채권자 임OO

OO지방법원 귀중

X

과세전적부심사청구서

아버지께서 2017. 4. 1. 사망하셨습니다. 아버지와 어머니는 20년 가까이 별거생활을 하셨지만, 이혼은 하지 않았기 때문에 법률상 부부입니다. 아버지는 시한부 생활을 2년 가까이 하셨기 때문에 2016. 10. 30.에 어머니가 아버지 소유의 위 아파트를 생전에 증여의 형식으로 소유권 이전을 해 둔 상태였습니다. 어머니는 아버지 사망 후 2017. 6. 2.에 위 아파트를 매도하였습니다. 그런데 어제 어머니 앞으로 양도소득세를 납부하라는 고지서가 송달되었습니다. 어머니는 따로 부동산이 없었습니다. 그래서 1세대 1주택에 해당되기 때문에 비과세를 주장하고자 합니다. 어떻게 불복할 수 있을까요?

<table>
<tr><td colspan="8" rowspan="2">과세전적부심사청구서</td><td colspan="2">처리기간</td></tr>
<tr><td colspan="2"></td></tr>
<tr><td rowspan="3">청
구
인</td><td>상호(법인명)</td><td colspan="2">한OO</td><td colspan="3">주민(법인)등록번호
(사업자등록번호)</td><td colspan="3">000000－00000</td></tr>
<tr><td>성명(대표자)</td><td colspan="2">한OO</td><td colspan="3">전 화 번 호
(휴대전화)</td><td colspan="3">010－000－000
(000－000－000)</td></tr>
<tr><td>주소 또는 사업장
(전자우편)</td><td colspan="8">(우 －)
전자우편: @</td></tr>
<tr><td colspan="2">세 무조사결 과
(과세예고) 통지관서</td><td colspan="2">OO
세무서장</td><td colspan="3">통지연월일
(통지 받은 날)</td><td colspan="3">2017. .
(20 . .)</td></tr>
<tr><td colspan="2" rowspan="2">청구세액 관련</td><td rowspan="2">세목</td><td rowspan="2">양도
소득세</td><td rowspan="2">과세대상
기 간</td><td rowspan="2">2017.</td><td>통지
세액</td><td colspan="3">OO원</td></tr>
<tr><td>청구
세액</td><td colspan="3">0원</td></tr>
<tr><td colspan="2">청구 내용 및 이유</td><td colspan="8">[첨부]불복이유서 와 같음</td></tr>
<tr><td colspan="2">첨 부 서 류</td><td colspan="8">불복이유서</td></tr>
<tr><td colspan="10">「국세기본법」 제81조의15 및 같은 법 시행령 제63조의14에 따라 위와 같이 과세전적부심사를 청구합니다.

2018년 4월 5일

청구인: 한 O O (서명 또는 날인)

지방국세청장·세무서장 귀하</td></tr>
</table>

불 복 이 유 서

아래와 같이 당해 과세예고통지에 대한 불복의 표시로 본 건 서면을 제출함.

청 구 취 지

1. OO세무서장이 2018.O.O.에 청구인에게 한 과세예고통지 처분은 이를 취소한다라는 결정을 구합니다.

청 구 원 인

1. 납세자 한OO이 본 건 부동산을 취득하게 된 경위

한OO은 본 건 부동산 취득과 관련하여 법률상 부부인 望신OO으로부터 20OO. O. O. 증여로 인한 소유권이전등기를 경료하였습니다.

2. 소득세법 제89조 제1항 제3호(비과세 양도소득)

대통령령으로 정하는 1세대 1주택…(중략)…의 양도로 발생하는 소득

3. 소득세법시행령 제154조 제1항 제2호

법 제89조제1항 제3호에서 "대통령령으로 정하는 1세대 1주택"이란 거주자 및 그 배우자가 그들과 동일한 주소 또는 거소에서 생계를 같이 하는 가족과 함께 구성하는 1세대(이하 "1세대"라 한다)가 양도일 현재 국내에 1주택을 보유하고 있는 경우로서 해당 주택의 보유기간이

3년 이상인 것…(중략)…을 말한다.

4. 망신OO의 당해 주택 보유기간은 20OO. O. O.부터 20OO. O. O.까지입니다. 망신OO과 한OO은 1세대로서(서울행정법원 2011. 5. 3 선고 2010구단19907 판결 양도소득세부과처분취소), 상기 제 호에 따라 본 건 과세예고통지 처분은 위법하다 할 것입니다.

5. 따라서 위와 같이 본 건 청구에 이르게 되었습니다.

위 청구인 한OO (인)

XI

금융거래정보 제출명령 신청서

김○○은 박◇◇을 상대로 현재 이혼 및 재산분할 소송을 제기하여 법원에 계속 중이다. 김○○은 재산분할에서 유리한 자료를 확보하기 위해 박◇◇이 은행에 예금한 돈이 얼마나 있는지 확인하고 싶다. 김○○은 법원에 어떠한 신청을 해야 하는가?

금융거래정보 제출명령 신청서

사 건	2020드합1357 이혼 및 재산분할
원 고	김○○
피 고	박◇◇

위 사건에 관하여 원고는 주장사실을 증명하기 위하여 다음과 같이 금융거래정보 제출명령을 신청합니다.

다 음

1. 대상기관의 명칭

○○은행

2. 대상기관의 주소

서울 종로구 ○○○

3. 명의인의 인적사항

성명: 박◇◇

주민등록번호: 000000－0000000

4. 요구대상거래기간

0000. 00. 00. ~ 0000. 00. 00.

5. 사용목적

피고 박◇◇의 금융재산을 확인하여 재산분할에 참작하기 위함

6. 요구하는 거래정보 등의 내용

박◇◇(000000－0000000)의 보통예금, 정기예금, 정기적금, 보험 등 계좌가 존재하는지, 만약 계좌가 존재한다면,

가. 예금 등 계좌번호

나. 예금 등 계좌 개설일시

다. 계좌가 해지(해약)된 경우 해지일시 및 해지 당시 지급금(환급금)

라. 회신 현재 예금 등 계좌 잔액

2020년 O월 O일

원고 김○○ (인)

OO 지방법원 귀중

XII

행정심판 청구서

음주회식을 마치고, 차에서 잠을 잤습니다. 새벽이 되어서 술이 깨었다고 생각하고 집으로 향하고 있었습니다. 그런데 집 앞 신호등 앞에서 저도 모르게 잠이 들었습니다. 결국 전날 마신 술 때문에 음주운전이 적발되어 면허취소가 되었습니다. 부모님을 모시면서 2남 1녀의 가장입니다. 자동차 부품 납품업을 하고 있기 때문에 면허 정지가 되면 생계가 막막합니다. 그리고 위 사건으로 검찰로부터 약식기소가 되었다는 우편물을 받게 되었습니다. 음주운전을 부정하는 것은 아니지만, 벌금 액수가 너무 많아서 조금이라도 줄여보고 싶습니다.

행정심판법 제5조 제1호

1. 취소심판: 행정청의 위법 또는 부당한 처분을 취소하거나 변경하는 행정심판

행정심판법 제13조 제1항

① 취소심판은 처분의 취소 또는 변경을 구할 법률상 이익이 있는 자가 청구할 수 있다. 처분의 효과가 기간의 경과, 처분의 집행, 그 밖의 사유로 소멸된 뒤에도 그 처분의 취소로 회복되는 법률상 이익이 있는 자의 경우에도 또한 같다.

행정심판법 제23조 제1항

① 행정심판을 청구하려는 자는 제28조에 따라 심판청구서를 작성하여 피청구인이나 위원회에 제출하여야 한다. 이 경우 피청구인의 수만큼 심판청구서 부본을 함께 제출하여야 한다.

행정심판법 제28조 제1항

① 심판청구는 서면으로 하여야 한다.

행정심판 청구서

접수번호	접수일	

청구인	성명	안OO
	주소	경기도 OO시 OO로 OO길
	주민등록번호(외국인등록번호) 820000-1000000	
	전화번호 010-0000-0000	
[ ] 대표자 [ ] 관리인 [ ] 선정대표자 [ ] 대리인	성명	
	주소	
	주민등록번호(외국인등록번호)	
	전화번호	
피청구인	경기지방경찰청장	
소관 행정심판위원회	[ ]중앙행정심판위원회 [√]경기도행정심판위원회 [ ]기타	

처분 내용 또는 부작위 내용	운전면허 취소 처분
처분이 있음을 안 날	2020.0.0.
청구 취지 및 청구 이유	별지로 작성
처분청의 불복절차 고지 유무	고지됨
처분청의 불복절차 고지 내용	행정심판 청구
증거 서류	운전면허취소처분통지서

「행정심판법」 제28조 및 같은 법 시행령 제20조에 따라 위와 같이 행정심판을 청구합니다.

2020 년 0 월 0 일

청구인 안 O O (서명 또는 인)

경기도행정심판위원회 귀중

행정심판 청구서

청 구 인: 안OO(820000－1******)

주　　소: OO시 OO로 OO－O(전화: 010－0000－0000)

피청구인: 경기지방경찰청장

자동차 운전면허취소처분 취소

청 구 취 지

피청구인이 2020. O. O.자 청구인에 대하여 한 자동차운전면허(1종보통 면허번호: 성남OO－000000－00)취소처분은 이를 취소한다. 라는 심판을 구합니다.

청 구 원 인

1. 청구인은 2020. O. O. 청구인 소유의 아반떼를 타고 OO시 OO로 OO길 소재 교차로 사거리에서 신호대기 중 운전 중 잠이 든 상태로 이를 신고 받고 출동한 경찰에 의해 혈중알코올농도 0.130% 상태 2020. O. O.자로 운전면허가 취소된 사실이 있습니다.
2. 그런데 청구인은 최근 취업에 성공한 영세한 직장인으로서, 위 아반떼 차량에 의존하여 출·퇴근 및 자동차 부품을 조달함에 있어서 위 차량이 없으면 생계에 막대한 지장이 있습니다.

3. 또한 청구인은 연로하고 병든 부모님과 2남 1녀의 자녀들을 혼자서 부양하고 있어 만약 운전면허가 취소됨으로써 위 직장이라도 제대로 다니지 못하면 온 식구의 생계가 문제됩니다.
4. 따라서 청구인이 음주운전한 것은 백배 사죄드리나, 당해 음주운전으로 사고가 나지 않은 점과 술이 깨었다고 생각하고 출근을 위해 아침에 부득이 운전한 점 및 위와 같은 사정을 감안하여 선처하여 주시기 바랍니다.

첨 부 서 류

1. 주민등록등본 1통
1. 탄원서 1통
1. 재산세비과세증명서 1통

2020. O. OO.

위 청구인 안OO (인)

경기도행정심판위원회 귀중

XIII

정식재판 청구서

정 식 재 판 청 구 서

사건	20 고약 (죄명)
피고인	성명: 송달가능한 주소: 전화번호: 휴대전화:
약식명령	벌금( )만 원의 약식명령을 20 . . . 수령하였습니다.
신청이유	위 약식명령에 대하여 아래와 같은 이유로 정식재판을 청구합니다.(해당란에 ∨ 표시) ■ 벌금액수가 너무 많다. □ 공소사실을 인정할 수 없다. □ 기타
	상기 본인은 20 . . . 회사 회식을 마친 후, 술을 마신 채로 운전할 수 없어서 회식장소 근처에 차를 세워 두었다가 아침이 되고 나서 출근을 위해 집으로 운전을 하고 가고 있었습니다. 그러던 중, 집 앞 교차로에

	서 신호대기 중에 피곤하여 잠이 든 상태로 정차하고 있다고 신고를 받고 출동한 경찰에 의해 음주운전으로 적발되어 약식기소 되었으며, 본 사건 정식재판을 청구하는데 이르렀습니다. 저는 최근에 취업을 하여 자동차 부품 납품 업체에서 일을 하고 있습니다. 취업기간이 비교적 짧아서 그 동안 모아둔 돈이 전혀 없고, 부모님과 2남 1녀의 자녀를 혼자 부양하고 있습니다. 음주운전한 것은 명백히 잘못한 것이므로 앞으로는 절대 음주운전하지 않을 것을 약속드립니다. 벌금액수가 너무 많습니다. 감액을 해주신다면 사회 구성원으로 공익에 이바지할 수 있는 모든 일에 노력하겠습니다. 부디 저의 좋지 않은 사정을 이해해 주시기 바랍니다. 감사합니다.
관련사건	■ 없음 □ 있음[계류중인 기관(경찰,검찰,법원명) 사건번호:]
접수인	20 . . . 청구인 안 O O ㉧ (피고인과의 관계: 본인)

미 주

1) 成永薰, “第二次 東獨國境守備隊 事件 (上)”, 「법조」 제42권 제10호, 법조협회, 1993.
2) 이에 대한 비판적 견해로는 법률신문, “칭송받는 정치적인 재판”, 2017. 12. 18.
3) 圖說 法律用語辭典, 자연법(自然法), 법전출판사, 2017.
4) 김상용, “自然法의 再生”, 「韓獨法學」 第20號, 2015.
5) 과거에는 도덕·관습·종교규범과 같은 사회규범은 법과 명확하게 구분되지 않았으며, 불가분한 상관관계가 있는 것으로 이해되었다(모세의 십계, 화랑도의 세속오계 등).
6) 대법원 2014. 1. 29 선고 2013도12939 판결.
7) 대법원 2009. 4. 23 선고 2006다81035 판결.
8) 대법원 2007. 6. 14. 선고 2007도2162 판결.
9) 오세혁, “법해석방법의 우선순위에 대한 시론적 고찰” 「중앙법학」 제21집 제4호, 2019.
10) Vienna Convention on the Law of Treaties.
11) 오세혁, “한국에서의 법령해석－우리나라 법원의 해석방법론에 대한 비판적 분석”, 「한국 법질서와 법해석론」, 세창출판사, 2013, pp. 5－6.
12) *Ibid.*
13) 노동영, “난민법 개정방향과 강제송환금지원칙”, 「法과 政策研究」 제19권 제3호, (사)한국법정책학회, 2019, p. 476.
14) 한국사법행정학회, 「주석 민법」 제5판, 2019.
15) 헌법재판소 2004. 10. 21 자 2004헌마554 결정
16) 김석, 「법철학 소프트」, 박영사, 2015, pp. 49－51.
17) 방승주, “헌법 10조”, 「헌법 주석Ⅰ」, (사)한국헌법학회, 박영사, 2013, p. 285.
18) 헌법재판소 2009. 11. 26 자 2008헌마385 결정
19) 대법원 1995. 9. 15 선고 94누12067 판결
20) Antonio Cassese, *International Law* 2nd, ed, Oxford University, 2001, p. 120.
21) 김영규 외, 「新법학개론」 제6판, 박영사, 2020, p. 793.
22) LaGrnad Case(Germant v. The United States of America), *ICJ Reports 466*. 2001.
23) 대법원 2017. 9. 21 선고 2017도10866 판결
24) M. Cherif Bassiouni, *Principle of Legality in International and Comparative*

Law, M. Cherif Bassiouni (ed.) International Criminal Law Vol. Ⅲ, Martinus Nijhoff Publishers, 3rd ed. 2008, p. 104.

25) 이윤제, "국제형사법상 죄형법정주의의 의미와 가치", 한국형사소송법학회 학술발표 자료, 2015, p. 8.
26) 헌법재판소 2002. 2. 28 자 99헌가8 결정
27) 대법원 2003. 12. 26 선고 2003도5980 판결
28) 대법원 1995. 6. 16 선고 94도2413 판결
29) 고봉진, 「판례 법학방법론」, 한국학술정보, 2013, p. 138.
30) 칼 엥기쉬(안법영 · 윤재왕 옮김), 「법학방법론」, 세창출판사, 2011, p. 242.
31) 대법원 2013. 4. 11. 선고 2010도1388 판결
32) 대법원 2004. 2. 27 2003도6535 판결
33) 헌법재판소 2009. 11. 26. 선고 2008헌바58, 2009헌바191(병합) 결정
34) *Ibid.*
35) 박상기, 「형법의 기초」, 집현재, 2016, p. 34.
36) 조상제 외 「국제형법」, 준커뮤니케이션즈, 2011, p. 126.
37) 천주현, 「시민과 형법」, 박영사, 2019, p 46.
38) 홍성방, "환경 기본권", 「환경오염의 법적 구제와 개선책」, 한림과학원총서47, 1996, p. 15.
39) *Ibid.* pp. pp. 16-66.
40) 대법원 2006.3.16. 선고 2006두330 전원합의체 판결
41) 박형근 · 윤아현, 환경 공익 실현에서 법과 제도의 역할-폭스바겐 배기가스 조작 사건을 중심으로, 공익과 인권 통권 제17호, 서울대학교, 2017, pp. 91-92.
42) 이덕연, 법철학 및 법이론으로 본 '법적 문제'로서 사법적극주의, 연세법학연구 제27권 1호, 2017, pp. 78-79.
43) *Ibid.*
44) Case Concerning The Gabčíkovo-Nagymaros Project (Hungary v. Slovakia), *ICJ*, 1997.
45) Lake Lanoux Arbitration (Spain v. France), *24 I.L.R. 101*, 1957.
46) The MOX Plant Case (Ireland v. United Kingdom), *International Tribunal for the Law of the Sea*, 2001.
47) 박수진, "이산화탄소 해양지중저장의 월경성 상황에 관한 국제법적 고찰", 「해양환경안전학회 학술발표대회 논문집」, 2013, p. 255; 김태천, "월경환경손해에 대한 국제책임", 「영남법학」 제2권, 1995, p. 481.
48) 소병천, "초국경환경침해에 대한 국제법적 고찰", 「환경법연구」, 제29권 1호. 2007, p. 193.
49) *Ibid.*
50) Trail Smelter Arbitral Tribunal, Decision, *American Journal of International Law, vol.35*, 1941,
51) Nuclear Tests Case (Austrailia v. France, New Zealand v. France), *ICJ*

Reports, 1974; Nuclea Tests Case, *ICJ Reports*, 1995.

52) Franz Xaver Perrez, *The Relationship between "Permanent Sovereignty" and Obligation Not to Cause Transboundary Environmental Damage*, 26 Environmental Law 1187, 1996, p. 1204.

53) The National Assembly of Québec, *First Session, Thirty–Seventh Legislature, Draft Bill: Sustainable Development Act*, Québec Official Publisher, 2004, p. 2,

54) K. Hakapaa, *Marine Pollution in International Law*, Suimalainen Tiedekatemia, 1981, pp. 60–62.

55) 細田衛士, *グッズとバッズの経済学　循環型社会の基本原理*, 東京経済新報社, 2012, pp. 134–137.

56) 小祝慶紀, *汚染者負担原則における費用分担のあり方－「支払い」と「負担」の政策的相違－, 國士舘法學第50号*, 2017, pp. 160–162.

57) U. Kettlewell, *The Answer to Global Pollution? A Critical Examination of the Problems and Potential of Polluter–Pays Principle*, Colorado Journal of International Environmental Law and Policy, Vol. 3, No. 2, 1992, p. 431; Sanford E. Gaines, *The Polluter–Pays Principles: From Economic Equity to Environmental Ethos*, Texas International Law Journal, Vol. 26, 1991, p. 468.

58) Sumudu A. Atapattu, *Emerging Principles of International Law*, Transnational Publishers, Inc., 2006, pp. 456–460.

59) Nicolas de Sadeleer, *The Polluter–pays Principle in EU Law–Bold Case Law and Poor Harmonisation*, Lund University Publications, 2012, pp. 418–419.

60) *Ibid.*

61) Roy E. Cordato, *The Polluter Pays Principle: A Proper Guide for Environmental Policy*, Institute for Research on the Economics of Taxation Studies in Social Cost, Regulation, and the Environment No. 6, The Institute for Research on the Economics of Taxation (IRET), 2001, p. 2.

62) 홍준형, "버려진 환경, 지켜지지 않는 약속", 「법과 사회」 제9권, 1994, p. 184.

63) A. Trouwborst, *The Precautionary Principle and the Ecosystem Approach in International Law: Differences, Similarities and Linkages*, 18 Review of European Community and International Environmental Law 26, 2009, pp. 60–67.

64) '사전배려원칙'이라고도 한다. 그러나 precautionary에서 caution의 명사적 쓰임이 주의가 요구되는 '경고'의 의미로 통용되고 있는 점을 고려할 때, '배려'로 해석하는 것은 본래 용어가 가지고 있는 정의를 불필요하게 확대 해석한 것으로 보인다. 물론 후속세대를 배려한다는 뉘앙스를 반영

할 수 있겠지만 궁극적으로 현세대의 '주의' 없이는 후속세대를 배려할 수 없다; 최영진, "국제환경법상 사전주의원칙의 법적 지위에 관한 연구", 「경희법학」, 2016, p. 171.

65) 김대순, 「국제법론」 제20판, 삼영사, 2019, pp. 380－386.

66) 2 United Nations Reports of International Arbitral Awards, 829, at 838; Bin Cheng, Crimes on Board Aircraft, 9 CLP (1959), p. 182.

67) R. Y. Jennings, Extra－territorial Jurisdiction and the United States Antitrust Laws. 33 British Yearbook of International Law, 1957, p. 156.

68) M. Cherif Bassiouni, Theories of Jurisdiction and their Application in Extradition Law and Practice, 5 California Western International Law Journal, 1974, p. 47.

69) Hans－Peter Gasser, *International Humanitarian Law and Human Rights Law in Non－international Armed Conflict: Joint Venture or Mutual Exclusion?*, German Yearbook of International Law, vol.45, 2002, pp.152－153.

70) 松葉真美, "国際人道法と国際人権法の相互作用－人道法は人権法に優先するのか—", *レファレンス,* 平成20年７月号, 2008, p. 3.

71) Juan Carlos Abella v. Argentina, Inter－American Commission of Human Rights (IACMHR), Report No.55/97, Case No. 11.137, 1997, paras 158－161; Coard et al. v. United States, (IACMHR), Report No.109/99, Case No.10.951, 1999, paras. 39; Case of Bámaca－Velásquez v. Guatemala,Inter－American Court of Human Rights (IACMHR), Series C No.70, 2000, paras. 207－209; グアンタナモにおける被拘束者に対する仮保全措置決定について､Decision on request for precautionary measures(Detainees at Guantanamo Bay,Cuba), IACMHR, 2002, International Legal Materials, vol.XLI, 2002, pp. 522－523.

72) Michael J. Matheson, *The Opinions of the International Court of Justice on the Threat or Use of NuclearWeapons*, American Journal of International Law, Vol.91 No.3, 1997, p. 423.

73) 성재호·서원상, "환경보호를 위한 국제의무와 국가책임", 「성균관법학」 제18권 제1호, 2006, p. 481.

74) J.G. Lammers, Pollution of International Watercources: A Search for Substantives Rules and Principles of Law, *American Journal of International Law Vol. 79 No. 4*, 1985, pp. 1123－1124.

75) United States Diplomatic and Consular Staff in Teheran. The United States of America v. Iran, 1980, *ICJ Reports 3.*

76) Corfu Channel Case(Merits), U.K. v. Albania, 1949, *ICJ Reports 4.*

77) 이윤철, "국제법상 해양환경보호를 위한 국가의 국가책임에 관하여", 「해사법연구」 제8권 2호, 1996, p. 85.

78) 정인섭 외, 유엔 직원에 대한 손해배상 사건(1949),「국제법판례 100선」 제3판, 2012, pp. 256−260.
79) 권오성·김나현, “후쿠시마 원전 방사능 오염수의 해양배출에 대한 국가 책임에 관한 소고”,「홍익법학」, 제14권 2호, 2013, p. 662.
80) 손윤하, “환경침해에 의한 불법행위를 원인으로 한 손해배상청구”,「환경 침해와 민사소송」, 청림출판, 2005, p. 72.
81) Case Concerning Military and Paramilitary Activities in and against Nicaragua, Nicaragua v. United States, ICJ, 1986.
82) Alabama Claims Arbitration, Mixed Claim Commission, US v. United Kingdom, 1872.
83) Nottebohm Case(Liechtenstein v. Guatemala), *ICJ 5*, 1995.
84) 홍정선,「신행정법입문」, 박영사, 2019, pp. 93−94.
85) 대법원 1997. 11. 14 선고 97누11461 판결
86) 중앙행정심판위원회 2012. 3. 19. 재결 2012−06605 대외무역법 과징금 부과처분 취소청구
87) 성승환,「경찰권 발동의 한계와 기본권」, 박영사, 2012, pp. 305−308.
88) 대법원 1996. 1. 23 선고 95누13746 판결
89) 대법원 1987. 9. 8 선고 87누373 판결
90) 양승엽, “업무상 재해로서 자살의 인정요건과 유형별 고찰”,「노동법 연구」 제42호, 2017, p. 221.
91) 김대휘 외,「주석 형법」, 한국사법행정학회, 2017. p. 137.
92) 이재상 외,「형법각론」 제10판, 박영사, 2016, p. 117.
93) 김용담 편,「주석 민법」 제4판, 한국사법행정학회, 2016, p. 266.
94) 송덕수,「신민법강의」 제14판, 박영사, 2021, p. 1203.
95) 이재하 외, “건물임차인의 비용상환청구권 및 부속물매수청구권”,「청주 법학」 제29집, 2007, p. 388.
96) 송덕수, *supra note 97*, p. 1316.
97) *Ibid.*, p. 1347.
98) 김용덕 편,「주석 민법」, 한국사법행정학회, 2019. p. 367.
99) 박성은, “소장의 필수적 기재사항과 당사자특정−이름과 주소를 모르는 상대방에 대한 소송−”, 이화여자대학교「법학논집」 제24권 제1호, 2019, p. 39.
100) 하지환, “형사합의의 개념과 문제점 고찰”, 전남대학교「법학논총」 제36권 제3호, 2016, p. 302.
101) 강수미, 재판상 이혼에 관한 소송법적 고찰,「법조」 제68권 제3호, 2019, p. 139.
102) 이상욱, “협의상 이혼 제도의 개선 방안”,「영남법학」, 2019, p. 169.
103) 조숙현, “민법 제840조에 관한 판결을 통해 본 혼인의 본질에 관한 법원의 판단과 가치관의 변화”, 젠더법학 제7권 제2호, 2016. p. 104.
104) 함윤식, “이혼에 따른 재산분할에 관한 판례의 최근 동향”,「민사판례연

구 38」, 2016, 박영사, p. 1218.

105) 송덕수 · 김병선, “부부의 정조의무와 제3자의 불법행위”, 「민법 핵심판례 210선」, 박영사, 2019, p. 370.

106) 윤이경, “대학 내 단체 카톡방 성희롱 사건에 대한 대응방안”, 「이화젠더법학」 제8권 제3호, 2016, p. 108.

107) 김홍엽, 「민사소송법」, 박영사, 2016, p. 964.

108) 송덕수 · 김병선, “임대차에서 보증금반환의무와 임차물반환의무 사이의 관계”, 「민법 핵심판례 210선」, 박영사, 2019, p. 307.

109) 김용담 편, 「주석 민법」, 한국사법행정학회, 2014, p. 423.

110) 김성규, “불가벌적 사후행위의 법적 성격 및 효과에 관한 일고찰”, 「경희법학」 제52권 제2호, 2017, p. 260.

111) 하태훈, “명확성의 원칙과 일반교통방해죄(형법 제185조)의 예시적 입법형식”, 「형사법연구」 제26권 제2호, 한국형사법학회, 2014, p. 263.

112) *Ibid.*

113) 전경운, 주위토지통행권의 법적 성질 등에 관한 일고찰, 「토지법학」 제30권 제1호, 2014, pp. 73-74.

114) 김용덕 편, 「주석 민법」 제5판, 한국사법행정학회, 2019, p. 715.

115) 김현준, “경찰 부작위로 인한 국가배상청구소송에 있어서 작위의무의 성립요건”, 「토지공법연구」 제56집, 2012, p. 350.

116) 정구태, “한국 유류분제도의 법적 계보-로마법상 유류분제도와 게르만법상 유류분제도에 대한 법사학적 고찰-”, 민사법연구 제20권, 2012, p. 145.

117) 김주수 · 김상용 편, 「주석 민법」 제5판, 한국사법행정학회, 2016, p. 395.

저자 약력

최영진
법학박사, 대학강사(강원대, 동국대, 춘천교대)

변희삼
사법연수원 39기, 법률사무소 해법 변호사

교양법학

초판발행 2021년 2월 19일

지은이 최영진 · 변희삼
펴낸이 안종만 · 안상준

편 집 김명희
기획/마케팅 손준호
표지디자인 조아라
제 작 고철민 · 조영환

펴낸곳 (주) 박영사
서울특별시 금천구 가산디지털2로 53, 210호(가산동, 한라시그마밸리)
등록 1959. 3. 11. 제300-1959-1호(倫)
전 화 02)733-6771
f a x 02)736-4818
e-mail pys@pybook.co.kr
homepage www.pybook.co.kr
ISBN 979-11-303-3851-4 93360

정 가 13,000원